人間破壊

Ningen Hakai

Mizusato Seiga

水郷醒河

青山ライフ出版

Look Upward！……　上を見上げよう！

今こそ「真の深化」をめざすとき。
それは先へ進むことではなく**「真化」**することである。

Look Upward！……上を見上げよう！

この本は、生きることについて述べたものです。

生きるために、今、必要なことは、危機から目を背けないこと。正面からきちんと見つめる勇気でしょう。

迫りくる氷山の存在を認めて、救命ボートの準備をはじめる人だけが、生き残ることができるのだと確信します。

「みんなといっしょの流れに流された方がラクだ」とか「他の誰かに守ってもらいたい」という気持ちのある人は、この本を読んでも仕方ありません。

自分自身の力を信じて、「自分一人でも荒波を乗り越えてやる！」という意志のある人に読んでもらいたい。と、思って記しました。


今こそ、私たちは「真の意味の深化」を遂げなければならないと思います。それは、先へ進むことではなくて**「真化」**することです。

それが、私が考える「ヒューマン3.0」への登板ルートです。

人間破壊

目次

序章

1）「Stop Destruction」

「人間破壊」というのは、ちょっと物騒なタイトルだと感じるかもしれない。でも、ビビらないでほしい。

これは、危機感を煽《あお》るというよりも、むしろ、どのようにすれば人間として明日の世界に生き残っていけるか？ について提言している本なのである。

これから先の一定期間は、生き残りをかけた闘いを余儀なくされることは避けられそうにない。

コロナなどの感染症や、それによって引き起こされる経済危機や、地震、台風、熱波などの自然災害が襲いかかってくることが予想されるからだ。

私たちは、それらに怯《ひる》むことなく、立ち向かっていかなければならない。

そう。怯んだらおしまいである。

次々に襲ってくる難題に対して、勇気をふり絞って立ち向かわなければならないと思う。

そのための心構えや具体的戦略について、私なりの考えを記しているつもりなのだ。

現在の人類（ホモ・サピエンス）が生まれてから、すでに数百万年が経っている。しかしながら、この1万年余りは、私たち人類が、私たち人類を「破滅」に導いてきているのだと見えないこともない。

とくに200年以上前に起こった産業革命からは、その傾向が加速度を増しているように感じられる。

一般的には進化してきたのだと捉えられている「農業革命」や「産業革命」以降の道のりは、山を登っているのではなくて、実際には下りつづけてきたのだと見ることができるということである。

たとえば、日本がまだ縄文時代だった頃のソクラテスやプラトンを初めとした数多くのギリシャ哲人たちよりも、科学技術のはるかに発達した今日の私たちの方が高知能で複雑な思考体系を持っていると言えるだろうか？

あるいは18世紀から19世紀にかけてベートーヴェンやモーツァルトたちによって創り出されたクラシックの楽曲と、今日に流行っている楽曲とを比べてみた場合には、どうだろう？

「今の方が進化している」と、胸を張って言い切れる人が何人いるだろうか？

私にはなんだか、むしろ退化もしくは単純化しているように感じられてならないのである。つまり、自分では登っていると思っていた道を、実際には下りつづけてきたのだと考えられないこともないのだ。そして、その結果として、どん詰まりまで達してしまった感じがしないでもない。

行き着くところまで達してしまい行き場を失った人類が、破れかぶれ、自暴自棄におちいってやり始めたのが「自分自身の破壊行為」……すなわち「人間破壊」であるというわけだ。

破壊しようとしているのは、自分たち自身だけではない。

「子ども破壊」「家族破壊」「地域破壊」「教育破壊」「経済破壊」「自然破壊」「地球破壊」……など多岐にわたるだろう。〝ありとあらゆるもの〟と言ってもいいくらいでもある。

ジュネーブで行われている量子実験が「宇宙までも破壊してしまうことになる」と警告して

いる物理学者もいるほどなのだ。

世界中に拡散してしまったコロナウィルス・パニックも、この流れの中で出てきたものと捉えることができるかもしれない。

そして、懸念されるのは、これをキッカケにして、さらに「破壊」から「消滅」へ向かって滑り降りるスピードの増すことが予想されることである。

病んでいる人は、自分の手首を傷つけたり、耳たぶから始まり体のいろんな所に穴を空けつづけて行き、無意識下に自分自身を破壊してしまおうとするものだ。

すなわち「無」への回帰願望が、それらの行為を行わせるのだとも考えられるのである。

病んでいるのは、それら自虐的な人たちばかりではない。

この数十年の動きだけを切り取ってみても、人類全体が病んでいるように見えないこともない。

人類全体が、「無」へ向かって歩速を速めているのだと解釈することができるのである。

たぶん私の意見に同意する人は、ほとんどいないと思われる。

とくに30年ほど前から、この国ではプラス思考が過剰なほどに盛んになっている。

「自分はスゴイ！」「日本はスゴイ！」「将来は、きっと良くなるはず」……私の周囲では、マイナスの予測を受け入れる人は皆無に近いかもしれない。

だから、これは仮定の話である。一種のブレインストーミングだと思って読んでみてもらいたい。

もしも万が一にもそうだったとするならば、私たちは何をしなければならないのだろうか？

仕方のない方向性だとして、黙って受け入れるしかないのだろうか？

それとも、なんとしてでも、その方向性にストップをかけようと、努力すべきなのだろうか？


人類が人類を破壊してしまうのは「自業自得」であると言えるかもしれない。しかし、数十億年の歳月をかけて築き上げられた絶妙な自然サイクルや、数え切れない種類の他の生き物たちの生存までも奪っていいはずがない。

２）「生きることはレジスタンス」

私は、この流れにストップをかけるべく努力するべきだと考えている。
なぜならば、私たちが生きているという行為自体が、世の中の摂理に逆らうことだと定義づけることができるからである。

つまり「生きる」という行為は、それ自体が「死に対するレジスタンス」である、と私は考えているのだ。

地球を考えてみよう。地球を覆っている大気の外側は、空気も熱もなく有害宇宙線が降り注ぐ「死の世界」である。
その「死界」から私たちを守っている大気を繋ぎ止めているのが、地球の持つ「引力」という「力」なのだ。「力」こそが「エネルギー」であると考えられもするのである。

一方、エントロピーの増大する方向へ向かうのが、私たちの所属しているこの宇宙の実態でもある。

たとえば、水の入ったコップの中に、インクを一滴だけ注ぎ入れたならば、それは拡散する方向へと向かうはずだ。それが「エントロピー」である。

もしも「引力」という「力」がなくなれば、大気は宇宙の法則にしたがって「拡散」してまうことになるだろう。

私たち人間の体も同様である。

「死界」から私たちの世界を隔てる「大気」の役割を担っているのが、私たち自身の皮膚や細胞膜だと考えることができる。

要するに、私たちの体を形作る各種物質の拡散を防ごうとする力そのものが、「生きる」という「エネルギー」であり「力」なのだということになりはしないだろうか。

言い方を変えれば、拡散を防ぐ力が失われていく過程が「老いる」という現象であり、それらの力ないしはエネルギーが完全に失われてしまった状態が「死」ということになる。

私たち個人個人は、いちいち意識しているわけではないけれど、「生きている」間の瞬間瞬間に「死」へと向かう潮流に対して「レジスタンス」という〝闘い〟を挑んでいるのだ。と、言えないこともないのである。

また、世の中に存在するモノは全て、どんなものでも存在の意味を持っていると、私は確信している。

動物の栄養源になる植物にも、植物を育てる光にも、朽ち果てて地面に落ちた木の葉にも、朽ちた木の葉を分解するバクテリアにも、路傍に転がる石の欠片にさえも、「存在の意味」と「価値」があるのだと思う。

したがって、私たち人間にも「存在の意味」があり「生きている価値」があるはずなのだ。だとするならば、私たちは力を尽くして「生きよう」としなければならないのではないだろうか。

もしも人類全体が「消滅」の方向へ向かっているのだとするならば、その流れになんとしてでもストップをかけて、流れの向きを反転させようと試みることこそが、私たち個人の使命ではないか？とも思うのである。

そのための第一歩は、まず何よりも**自分自身を救うこと**から始まるのだと思う。

今は、迫り来る氷山をいかに回避するかを考える状況ではなくて、すでに衝突してしまって沈没がはじまっている状態だと考えた方が妥当な気がするのだ。

すなわち、今、現在の切迫した課題は「いかにして浸水の程度を止めるのか？」について考えると同時に、人数に限りのある救命ボートに「いかにして乗り移るのか？」である。

そして、その次には「いかにしてより多くの人間をそれに乗り込ませるか？」ということにも頭を使わなければならないだろう。

「サバイバルの時代」と言われる21世紀でもある。

「新しい感染症」や「経済崩壊」や「巨大地震」や「強力台風」や「熱波」やら「豪雨」やら、次々に襲いかかってくる困難に打ち勝ち、それらを乗り越えるには、いったい何をどうすれば良いのか？

どんな考え方をして、どんな努力をしていけば生き残っていけるのか？……について、私なりの提案をさせてもらいたいと思うのである。

ただし、私の主張していることが全て正しいとは限らない。間違っていることが多数あるかもしれない。

だから、この本を読んだ方は、ここに書かれていることを参考にしてもらってもいいし、無視してくれてもいい。

あるいは、「こんなの絶対にまちがってるよ！」と、反面教師にしてもらってもいっこうに構わないのだ。

ともかくも、あなたなりの生存戦略を、あなた自身の頭を使って考え出して欲しいと願ってやまないのである。

第1章「無へ向かう人類」

１）「思考の放棄」

世の中のあらゆるものは、「無」からはじまって「無」へと帰る。
一個の人間しかり、森の樹木しかり、空に羽ばたく鳥も、深海に潜むクモヒトデも、この地球という星も、万物を照らし出す太陽も、数兆個の銀河を生み出した宇宙全体も。この理《ことわり》から免がれ出ることはできない。

人が山に登って頂上を極め、やがて下って麓へと帰り着くように、全てのものは「誕生」→「成長」→「ピーク」→「衰退」→「消滅」というサイクルを辿るのである。
私たち現生人類は、数百万年前に生まれ、あっという間（地球のスパンでは）に地球の覇者に登りつめ、脳力の頂点を極めてしまい、気がつけば、早くも衰退への道へ踏み出しているのだろうか。

コロナ・パニックで再認識させられたことがある。

それは、人々の反応の仕方について、だ。

まるで滝壺へと流れ落ちる木の葉の群れのように、驚くほど多数の人々が、マスコミやネットの情報や、どこかの偉い教授や、権威ある誰かの意見に、あまりにも素直かつ単純に押し流されていたのである。

あたかも「誰かの指令で動く安物のロボット」か「従順な家畜」であるかの如くに、である。そこには残念ながら、「思考」や「解釈」や「判断」や「独自性」といったものの存在をヒトカケラさえも感じ取ることができなかったのだ。

「子どもが壊れる」……私がそんなことを言いはじめたのは、１９８０年のことだった。進学塾での勉強の様や、そこに通ってくる生徒たちを見ていて、そう感じたからである。当時、中学生だった子どもは、今はすでに50代になっている。

興味深いことに、昨今のテクノロジーの発達を眺めてみれば、人類は「宇宙の理」からの脱却を準備しはじめているように見える。

ロボティクスやバイオテクノロジーの力を使って、「不老」や「不死」を手に入れようと躍起になっているのだ。

見方によっては、無意識下において自らの消滅への運命を予期しているかのような慌ただしさを感じないこともない。

言うまでもなく、モノの見方は一つではない。

一個のコップが、真ん丸にも、楕円形にも、長方形にも、円筒形にも見えるように、世の中の現象も、複数の解釈の仕方が成り立つのだ。

私たち人類は「進化・発展しているのだ」という見方が主流派だろう。私が意見を聞いてみたほとんどの人たちは、そのように感じている。

しかし、その真逆の見方をしている人々も、少数派ながら見受けられるのだ。

多くの人々が「進化している」と感じていた19世紀と20世紀には、実際はピークを過ぎて既に衰退期に入っており、今では消滅寸前のポイントにまで足を踏み入れてしまっているように、私には感じられもするのである。

私たち人間の思考の「幼稚化」「単純化」が憂慮されるのはもちろんのこと、最近では「思考の放棄」または「思考の消滅」という事態が懸念されないわけではない。

パスカルが言ったように、私たち人間は「考える葦」だと思う。

森の樹木でもなく、海にさまようクラゲでもなく、また、サバンナを駆けめぐるライオンでもない。人間が人間たりうる証明の裏付けは「思考」にあるというのが、私の見方なのだ。

人間が人間であることの存在証明を失おうとしつつあるこの時に、あたかも私たちのそのような方向性と交差し、入れ替わろうとでもするかのように「人工知能」が現れてきたのは、単なる偶然であるようには、私には思われないのである。

２）「無機のウィルス」

コロナ・パニックの結果として起こり得ることの中で、私が憂慮していることがいくつかある。

倒産や失業が増えることで困窮者が増えることはもちろんである。経済的に追い込まれて自らの命を絶つ人も少なからず現れるかもしれない。経済状況が下降することによって、恐慌やハイパーインフレの起こることも懸念される。

あるいは、財政の行き詰まりで、世界情勢が大きく変化することも考えられる。もしも回復の度合いが思わしくない場合には、戦争が勃発する恐れも皆無とは言えないだろう。

さまざまな影響が予測される中で、私個人が、とくに懸念しているのは、このことによってますます世の中のデジタル化が進むことである。

今回の感染騒動で、よりいっそうハッキリしたことがある。

以前から、とても気になっていたことだ。

すなわち、それは「思考が単純化している」ないしは「自分の頭で考えない人が指数関数的に増えている」ということである。

老若男女。若い人たちだけでなく、年配者たちも。私が想像していたよりも、はるかに多くの人たちが、自分のフィルターにかけないままに、一方向に流されてしまっていたことには、驚き以上のものを感じないわけにはいかなかった。

子どもと若者についての危機感を、私が抱きはじめたのは、今から40年前のことだった。教育の歪みの最先端とも言える進学塾で働いていた経験から、そう思うようになったのだ。それから半世紀近くが経ち、子どもだけでなく、大人たちも含めた全ての世代の人々が、崩壊の危機に直面していることを痛感しないわけにはいかない。

言いすぎに聞こえるかもしれないが、今、進みつつあることは、ひとことで言って「人間の破壊」である。

その原因は、さまざま挙げられるだろう。

各種化学物質による大気汚染。水質汚染。農薬と化学肥料の使用。保存料・発色剤などの食品添加物。放射性物質。世界中を覆い尽くしてしまった電磁波の影響。私が40年前から警告しつづけている過度な受験勉強……等々。

コロナウィルスなどの感染症が、気候変動ないしは人工的に作り出されたのだとするならば、それらの疾病も加える必要があるかもしれない。


そして、さらに、数年前から私のもっとも危惧するものが加わったのだ。

それは、人工知能をはじめとしたデジタル・テクノロジーである。


これは、人々の気づかない所で進化と増殖をはじめて、あっという間に全世界に浸透してしまっている。

もはや、アフリカの草原で暮らす人々も、アマゾンの奥地に住んでいる人たちでさえ、スマートフォンなどのデジタル機器を使っているのだ。

わが国を初め、世界中の子どもだけでなく大人たちも、コンピューター・ゲームに夢中である。今後は、ＡＩがありとあらゆる物に搭載されて、IoTで繋がると言われている。コロナ騒動により、デジタル化の波はいっそう推進力を増していきそうな雲行きでもあるのだ。

そう考えていくとデジタル・テクノロジーは、コロナ以上の強大な感染力を持つ未知のウィルスならぬ**「無機のウィルス」**と捉えることができるような気もしてくる。

私は、去年２０１９年に「デジタル脳化する人類」という本を出した。若者たちの多くが、「ＯＮ」と「ＯＦＦ」だけの短絡思考に移行してしまっていることに危機感を抱いたからである。

「ＡＩの開発が進めば、人類の多くが単なるデータ供給源でしかなくなる」と警告したのは、イスラエルの歴史学者「ユヴァル・ハラリ」氏だった。

私は、一般庶民はもちろんのこと、デジタル技術によってハイブリッド化した超富裕層の人々も、すべての人間が、もはや「人間という存在ではいられなくなる」ことを危惧している。

急速に進歩しつつあるバイオテクノロジーやナノテクノロジーによって、人間は不死身の体を獲得し、スーパーコンピューター並みの記憶力や思考速度を身につけることが可能になると言われている。

たしかに、それは一見すれば、夢の技術であるように見えることも事実である。

しかし、そこにはとんでもない落とし穴が潜んではいないだろうか。

人類を超人類へと導く科学技術の発達を、手放しで喜んで良いことだとは、私にはとても思えないのである。

ここでは、なぜ、そう思うのか？　いったい何が、どんな点で危険なのか？

……について述べるとともに、もしも、そうだとするならば、私たち人間はどのような対策を立てて、どの方向へ向かって進んで行けば良いのか？ についても、私なりの意見を述べさせてもらいたいと思う。

3）「民族大移動がはじまりつつある」

今までの移住は、地理的な移動を意味していた。

私たちホモ・サピエンスは、アフリカで生まれ、数万年の歳月をかけて世界中に散らばったと言われている。教科書で習ったゲルマン民族の大移動は誰でも知っているところだろう。

今、起こっているのは、現実世界からバーチャル世界への大移動である。

コロナ・パニックによって、その流れが加速しているのだ。

かつて、わが国内では「夜の世界が衰退すれば、昼の世界もダメになる」という言われ方がされてきた。

事実、高度経済成長期からバブル経済期までは、夜の街で飲んで騒いでストレスを発散して、月曜からはじまる労働にフルパワーで励んでいたと思う。

「マイナス方向のベクトル」と「プラス方向のベクトル」のバランスがそこそこに取れていた、と言っても良かったのではないだろうか。

ところが、経済が傾きはじめると同時に、夜の世界も衰退しはじめた。

90年代から減りだした夜の街の人口は、２０００年代から２０１０年代にかけても右肩下がりに減りつづけてきた。

それに比例するように、経済状況も悪化していっているように見えるのである。

夜の世界が衰退していっているから経済も下降しているのか、経済が下降しているから夜の世界も衰退しているのか？

どちらも正解だと言えるだろう。世の中はバランスでできているのだから。

「プラスのベクトル」と「マイナスのベクトル」との均衡で、社会というシステムは平衡が保たれていると考えられるのである。

ゆえに、マイナスベクトルが小さくなれば、プラス方向へのベクトルも縮小することは当然だと言えるかもしれない。

それが、世の中の摂理というものだろう。


今、夜の世界が消滅しそうになっている。

もしも、世の中がプラスとマイナスのバランスによって成り立っているのだとするならば、それは社会全体を消滅に導くことにもなりかねない。

それが良いとか悪いという話ではない。その可能性が全くないとは言い切れないということだ。


若い人の大部分は、夜の街で遊ばなくなっている。パソコンとスマートフォンの中が主な遊び場になっているのだろう。

この20～30年の間に、人々の遊び方が変わってしまった。

それを「進化」と捉えることもできる。

夜の遊びは前時代の遊び方。デジタル世界でのそれは新しい遊び方だと言えるのかもしれない。

変わってきているのは、遊び方だけではない。インターネットを使って収入を得ている人が増えているのだ。

私の周りでも、サラリーマンをやめて「ネット販売」や「YouTube」による仕事をはじめた人がかなりの数に上っている。

もはや遊びも仕事も、デジタル世界で完結できる時代になっているということなのだろう。

コロナ・パニックは、この傾向をさらに助長しそうでもある。

会社に出勤しないで、リモートワークやらテレワークなどによって仕事をする人たちが増えているという。在宅勤務を認める企業も、ちらほら出てきているようだ。

人々は、パソコンやスマートフォンの中でゲームやネットサーフィンをして遊び、それらによって収入を得て経済活動を行ない、情報を仕入れ、映画を鑑賞し、買い物をやり。セックス体験までもできるようになっているのである。

これらの現象を眺めていると、世界中の多くの人々が、リアル社会から離れ、デジタル世界へと雪崩をうって流れ込んで行っているように見えるのだ。

まさに「現代の民族大移動」と呼んで差し支えないのではないだろうか。

4）「無をめざす人類？」

「死をめざす子どもたち」という文章を雑誌に寄稿したのは、1997年のことだった。私の働いていた進学塾で猛勉強に励む子どもたちと、私のやっていたフリースクールに通ってくる子どもたちの様子を見ているうちに、共通点があることに気づいたのである。それは、「優等生」と「学校からはみ出してしまった子どもたち」という、いわば両極と言える立場の双方ともに、心の奥底で「死にたい！」という気持ちを抱いている者が少なくはないという事実だった。

それから20年以上が経った今、子どもたちだけではなくて、かなりの数の大人たちもが「死」をめざしているように思える。

その気配の切れ端を、繁華街を歩く人々や通勤電車に揺られている人々の「目の中」に読み取れる瞬間があるのだ。

「生きていることがつらい」と告白する人も少なくない。

「生きていても、何もいいことがない」と訴える人もいる。

「学校に行ったり会社に行くだけで、ヘトヘトに疲れてしまう」のだと言う人も少なくないのだ。

そういう人の逃げ込み場所が、今や夜の世界ではなくて、ゲームやネットなどのデジタル世界になっているのである。

ある意味、デジタル世界は彼らにとっての天国であるかもしれない。

現実世界では、やられてばかりでも、ゲームの中ではヒーローになれるのだ。

現実世界では異性にモテなくても、バーチャル世界では理想の女性と理想の場所でデートができて、傷つけられることもないだろう。

匿名で、他人の悪口を言ったり、近隣諸国を口撃することもできる。

わざわざ図書館に出向いて分厚い本を読まなくても、いつでもどこでも簡単に色んな情報が気軽に手に入れられもする。

まさに「理想世界」へ導いてくれる夢の道具こそが、パソコンやスマートフォンだと言えるのかもしれない。


こんなに願ったり叶ったりの素晴らしい世界は、とても現実の世界には求められるものではないだろう。

デジタル世界にヒキコモろうとする人たちの気持ちは、よく分かる。私自身も現実世界が息苦しくて、そこから逃げ出すことばかり考えていた時期があった。

まだパソコンもインターネットもない時代だったから、映画館に引きこもったり、ＳＦ小説を読みふけったり、旅行に出かけるしか方法がなかったのだ。

毎日毎晩「死ぬ」ことばかりを考えつづけていたことは言うまでもない。

当時にデジタルツールがあったならば、きっとその世界に埋没していたことだろう。

しかし、残念なことなのか、幸いなことなのかは分からないけれど、それらの便利なツールがなかったのだ。だから、時間が経てば、現実世界に引き戻って、現実世界の中で闘うしかなかったのである。

何時間も映画館にコモることもできないし、小説も読み終わったらそれで終わりである。旅行は、準備するのも遠方まで出かけていくのも面倒だ。少なからぬ金額がかかりもする。

デジタル世界は、たいした額のお金もかからず、わざわざ遠方まで出かけて行く必要もない。自分の家の中にいて、それこそ瞬間移動できるのだ。

アナログ機械しかなかった時代の人間からすれば、まさに「夢の道具」だと言えるだろう。

ここで抱いてしまうのは、お手軽で便利な言うことなしの理想世界であるデジタル世界に住むことは、果たして「生きている」と言えるのだろうか？　という疑問である。

5）「デジタル世界は死の世界なのか？」

デジタルの世界が「死の世界」と言ってしまうのは、語弊があるかもしれない。極論であることを否定しない。

少なくとも、リアルな現実世界とは「異質な世界」だということは言えるような気がする。

生きていくということは、悪戦苦闘しながら山道を登って頂きまで辿り着き、そしてやがて下っていくことだと思う。

この宇宙の理《ことわり》が「誕生と消滅」または「成長と衰退」のサイクルで成り立っているように、喜びや楽しさなどのプラス面だけでなく、苦しみや悲しみなどのマイナス面の両方がともなってこそ、「世の中を生きている」と言えると思うのだ。それが「バランス」である。バランスが崩れれば、世の中も人生も成り立たなくなるのである。

もしも、片面だけ＝プラス面だけの人生だったとするならば、それは果たして「生きている」

と言えるだろうか。

仏教では、世の中の本質は「生老病死」のいわゆる四苦だとされている。その考えに、私も同意する。それらの苦しみから逃れられないのが人生というものだと思う。「苦」という暗黒宇宙に浮かぶ「星」みたいなものが、人の人生であるように思えるのだ。そう、真っ暗な宇宙空間の中で恒星や惑星が輝いているように、悪戦苦闘しながらやっとの思いでわずかな喜びを作り出してこそ、その喜びが輝きを増すことができるのではないだろうか。

すなわち、苦しみを経験し、それを克服しようとすることにこそ、一生を生きる意味と価値があるのだとも思う。

別の言い方をすれば、上がったり下がったり、どん底に落ちたり頂点に這い上がったりすることを経験するために、私たちはこの世に生まれてきているのではないか？……と思うことがあるのだ。

もちろん、私はデジタル世界を否定するつもりはない。その世界に浸りきっていたからと言って、非難するつもりもない。

人間には、幸福になる権利があると思う。それが幸福ならば、そして、そのことによって誰にも大きな迷惑をかけるわけではないのならば、その世界に留まりつづけることが許されるのだと思う。

何が正しくて、何が正しくないのか？……などは、一個の人間である私に判定することのできるはずがない。

複雑そうに見えて単純であり、また同時に、単純そうに見えて複雑なものが世の中というところでもあるのだ。

ただ、好ましいことだけの世界。もしくはプラス面だけの片面しかない世界は、私から見れば「死の世界」であるように見えないこともない。

少なくとも「生きているとは言えない世界」だとは表現できるのではないだろうか。

そうであるからこそ、「生きていたくない人」ないしは「死にたい人」たちが、現実世界を離れてデジタル世界へゾクゾクと大移動をしはじめているのだとも考えられるのである。

６）「住み分けが始まろうとしている」

このままの流れで進んで行けば、「住み分け」が起こるというのが、私の予測でもある。

今、アメリカなどでは、貧困層と中間層と富裕層の住む地域が、それぞれに分かれているという話を聞く。この傾向が、今後はますますエスカレートするとも言われているのだ。

２０１３年の映画「エリジウム」では、汚染された地上世界は貧困層である一般庶民の住む場所となり、富裕層は理想的な環境である宇宙ステーションの中で暮らしているという設定だった。

これと同様に、人々は「現実世界」と「非現実世界であるデジタル空間」とに分かれて住み分けることになるのだと予想されるのである。

すなわち、現実世界は「人工知能およびスマートロボットなどのデジタル機械」と「ほんのわずかな超富裕層」と「メンタル強者たち」の活動する領分となり、ほとんどの人間は「バーチャルなデジタル空間」に住むことになるのだと思う。

その流れが、日々刻々勢いを増しているように見えるのだ。

コロナ・パニックは、それにさらに加速度を加えることになりそうな雲行きでもある。

私は、そこに危機感を覚えるのだ。なぜならば、仕事も遊びも勉強も、生活の大部分をデジタル世界に置けたとしても、衣食住などの生活の根っこは、リアル世界に残さざるを得ないからである。

そのリアル世界が、デジタル世界の住人たちの知らない間に、書き換えられている恐れが十二分にあるのだ。

もちろん、ほんのわずかな一部の人々にとって都合良く、大多数の一般民衆にとっては不都合に、である。……それで良いのだろうか？

７）「死んでいる絵」

「生きている絵」と「死んでいる絵」があることをご存知だろうか？
これは、美術に興味のある人にしか分からない感覚かもしれない。

巷で数千円ほどの値段で売られている風景画をよく目にする。富士山などが描かれていることが多い。

路上で売られていることもあれば、骨董屋の壁に掛けられていることもある。また、農家やお年寄りの住んでいる家の応接間に飾ってあることも少なくない。

写真のように風景を写し取ってそれに色彩を施したような絵なので、テクニック的にはなかなかのものと言えるかもしれない。

けれど、どう見ても数千円の値打ちしかありそうに見えないのだ。

絵が生きていないのである。止まっている。

そのような絵には、広がりが感じられないし、情緒も何も全く感じ取ることができない。

正直なところ、「死んでいる絵」という表現しか思いつかないことは事実だ。

これと似た感覚を、デジタルで撮られた写真や絵にも抱いてしまうことが少なくない。

「死んでいる絵」が、なぜ生きていないと感じられるのか？　を考えていくと、描き手の気持ちに行き着かざるを得ない。

おそらく、それらの絵を描くときに、その作者は、単に売ることだけを目的に描いているからだという気がするのだ。

感情なしに機械的に描いているのだと考えられる。作者の〝思い入れ〟が何もなさそうなのである。

彼はその風景を気に入って描いているわけでもなければ、見る人に感動を与えたいという気持ちも皆無なのだという気がする。

タイヘン申しわけない言い方であるが、作者自身が精神的に「死んでいる」と言っても過言でないような気がするのだ。

デジタル世界にも、生きている感情の入り込む余地が、あまりありそうには見えないのである。

8）「機械の本質」

天才科学者が、自作の人工知能に「自分の演説をできるだけたくさんの人々に聞いてもらえるようにしたい」という指令を出した。

指令を受けた世界最高レベルのＡＩは、なんと彼の演説中に、しかも、彼の話がクライマックスに達する直前に、最適のスナイパーを雇って彼を射殺してしまうのである。

それが、マスコミの報道や世界中の人々の注目を集めるには〝最善の方法〟だという答えを導きだしたからだった。

そして、任務終了後には、なんと自ら全ての機能を破壊してしまい、証拠を完全消去してしまったのである。

つまり「与えられた任務の遂行」という目的のために、「主人」とも言うべき自分の「製造者」と「自分自身」をアッサリと完璧に葬り去ってしまった。というわけなのだ。

そこに、「怖い」とか「痛い」とか「苦しい」とか「悲しい」とか「死にたくない」などといった感情の介在する余地はないと思われる。

もちろん、これは「フィクション」（小説）の中の話である。

人工知能もスマートロボットも「無機の機械」なのだ。

「怖い」とか「痛い」とか「かわいそう」とか「寂しい」とか「そんなのはイヤだー！」などという感覚はないだろう。

そこが、私たち人間とはちがっている「最大の強み」でもあり、また同時に「欠落した部分」でもあると考えられもする。

私たち人間には「感情」がある。「恐怖」もあれば「痛い」とか「苦しい」などの感覚もある。

そして、何よりも「〝生〟に対する意欲」を持っているのだ。

郵便はがき

108－0014

恐縮ですが、
切手を貼って
お出しください

東京都港区芝5丁目13番11
第2二葉ビル401

青山ライフ出版
読者カード係　行

通信欄

ー ー

ご意見・ご感想などお寄せください。小社ウェブサイト（http://aoyamalife.co.jp）で紹介させていただく場合がございます。あらかじめご了承ください。

読者カード

青山ライフ出版の本をご購入いただき、どうもありがとうございます。

●本書の書名

●ご購入店は

・本書を購入された動機をお聞かせください

・最近読んで面白かった本は何ですか

・ご関心のあるジャンルをお聞かせください

・新刊案内、自費出版の案内、キャンペーン情報などをお知らせする青山ライフ出版のメール案内を（希望する／希望しない）

★ご希望の方は下記欄に、メールアドレスを必ずご記入ください

・将来、ご自身で本を出すことを（考えている／考えていない）

(ふりがな) お名前	
郵便番号	ご住所
電話	
E メール	

・ご記入いただいた個人情報は、返信・連絡・新刊の案内、ご希望された方へのメール案内配信以外には、いかなる目的にも使用しません。

そう。私たち生きている人間にとって**「生きよう！」とする意識**こそが全ての根源であると思うのである。

そして、これこそが、無機の機械には理解できない〝**命**〟に裏付けられた生き物だけが備えている特別な機能であるはずなのだ。

9）「主観の入りにくいデジタル写真」

おそらく、ほとんどの人々は、テクノロジーの進化に賛成の立場だと思われる。少なくとも反対ではない人の方が、圧倒的に多いのではないだろうか。

テクノロジーが進化していくことが、人間の「幸福」に結びつくのだと信じている人が一般的であるはずである。パソコンやゲーム機器が大好きな人は、莫大な数に上るだろう。

何よりも、経済発展のためには、新しい技術の開発は必要不可欠でもある。

もちろん、それはそれでいいと思うし、仕方のないことでもある。それが「当たり前の感覚」

であると言えるかもしれない。

「文明は人類を幸福に導いた」という見方は、今となっては常識化していることでもある。もしも、今、「文明の存在しなかった原始の生活にもどす！」と高名な科学者や政治家が宣言したとしても、世界中の誰一人として賛成しないだろう。

文明に対して懐疑的な意見を持っているのは、ほんとうに極わずかな哲学者だとか思想家だとか物書きの一部にすぎないと思われる。

しかし、そうであっても、やはり私は懐疑的なのである。もっと正確に言えば、「否定的」と言った方がいいかもしれない。

私の趣味の一つである写真について語ってみたいと思う。

カメラの進化は、著しい感じがする。

昔は、いちいち露光計で露出を計り、絞りとシャッタースピードの設定に試行錯誤をくり返していた。ピント合わせも苦労したものだった。

しかも、現像とプリントのために浴室を現像室に改造して、徹夜作業になることもしばしばだった。

時間がかかる。お金もかかる。その上にメンドウくさくもある。狙いどおりの写真を撮るためには、何年もの歳月とかなりの額の金額を投入しなければならなかったのだ。

ところが、今では、そんなことを学ばなくても、余計な試行錯誤をくり返さなくても、誰でも簡単に、即座に写真を撮ることができるようになった。失敗も圧倒的に少なくなっている。

しかし、私は思うのである。**寄り道や失敗こそが重要**なのではないか？と。

寄り道や失敗をくり返しながら**「無駄な経験」**や**「無駄な知識」**を身につけることで、人間は**「臨機応変な思考」**とか**「幅のある見方」**とか**「柔軟性のある考え方」**ができるのではないか？と。

「無駄な経験」や「無駄な知識」に基づく**「脳の余白部分」**こそが、コンピューターにはマネの出来ない、人間しか持つことのできない貴重な要素なのだと確信しているのだ。

そして、そこそが**「ヒラメキ」**や**「論理の飛躍」**や**「突拍子もない発想」**や説明不可能な**「勘」**を生み育てている核心の部分だと考えているのである。

話を元にもどそう。

まだデジタルカメラが普及する前、フィルムの時代は、1000回シャッターを押して、1枚きちんと撮れていればOKというレベルだった。

撮影してから現像するまでは、「ハラハラ・ドキドキ」の落ち着かない時間でもあった。

じつは、そのハラハラ・ドキドキこそが写真という趣味の「醍醐味」であり、成功することが稀にしかなかったからこそ、狙いどおりに撮れていたときや、予測を上まわる画像が撮れていたときには「この上ないほどの感動」を得られていたのだとも思う。

全自動のデジタルカメラは、その楽しみを奪ってしまった。

撮ったその場で確認できるから、ハラハラ・ドキドキ感がないのだ。誰にでも簡単にプロ並みの写真が撮れてしまうので、感動もあまりない。

また、携帯電話やスマートフォンにまでもカメラが装備されたことで、そちこちで多数の人々が写真を撮るようになっている。

その結果として、私たちは写真が撮りにくくなってしまった。人々から、ものすごく警戒されてしまうのだ。ネット上に無許可でアップロードされたり、加工技術を使って、悪用される心配もあるからだろう。

しかも、フィルムで撮影した物とデジカメで撮った物とは、微妙に仕上がり具合がちがうのである。

こんな実験をやったことがある。

同じ機種のカメラ、同じレンズ、同じフィルム、同じ照明で、出来るだけ同じ角度から、同時に、同じ対象物（人や花）を、３～４人で撮影するのだ。

当然、同じ画像が出来てくるはずである。

ところが、結果はそうではないから不思議だ。同じ条件下で撮影したものであるにもかかわらず、それぞれに微妙に出来映えの違う写真になってしまうのだ。

これはなぜなのだろうか？……考えられることは「写真には撮影者の気持ちや意図が反映

される」ということだ。

対象物に対する思い入れの強さとか、その時の撮影者の精神状態などが、撮った写真に影響してしまうとしか考えようがないのである。


言わば「主観の反映」とでもいうものが、デジタル写真には再現される余地が小さいように思われる。

条件を合わせれば、誰でも同じような写真が撮れてしまうということになる。

この意味で、デジタル写真では芸術＝アートになりにくい。少なくとも、従来のような芸術作品とは全く異質なものになってしまうと考えられるのである。

10）「デジタルは無機、アナログは有機？」

私は化学者ではない。だから詳しいことは分からないが、感覚的には「デジタルは無機の世界であり、アナログは有機の世界」というイメージを持っている。

「無機」という言葉の意味を調べると、「生活機能が無いこと」もしくは「生命力を有さないこと」となっている。

一方、「有機」には、「生活機能を有すること」もしくは「生命力を備えること」という説明がある。

また「有機的」という言葉には、「有機体のように多くの部分が緊密なつながりを持ちながら、全体を形づくっていること」という意味合いが見られる。

そのことは、時計を見てみれば分かるだろう。

従来のアナログ時計は、前後のつながりが一目瞭然だ。あるポイントからどれくらいの時間が経ったのか、あるいは、この仕事を完成させるのにどれくらいの時間が残されているのかが、見ただけで分かる。

しかし、デジタル時計には、それがない。それぞれが独立した数字である。「6：15」の次は「6：16」であり、その間のつながりが見られない。

単に数字が入れ替わっていくだけなのだ。

昨今では、文章の行間の読めない子どもが増えていると聞く。

私は、そのことを今から30年以上前に気づいていた。

進学塾に通ってきている子どもたちのほとんどが、文章の読解力を失っていたのである。

ちなみに、私の教えていたのは、成績トップの子どもたちを集めた塾だった。

生徒の90％が、県内で偏差値一番の高校に合格し、毎年、複数の生徒が東京大学に進学していた。医者になった者も、１００人以上はいるだろう。

そういう者たちのほとんどが、行間を読めず、文章読解力に問題があったのだ。

この現象の原因として、少なくとも三つのことが考えられる。

第一には、「勉強のしすぎ」である。

私が、塾業界に入ってからの40年来というもの、子どもたちは勉強ばかりしている。おそらく私の世代のクラスで一番の者がやっていた勉強量を、今の子どもたちは、真ん中ぐらいの子どもでもやっているのではないだろうか。

私が教えていた上位10％の成績を維持する子どもたちの勉強量の凄まじさは、私の常識をはるかに越えるものだった。

しかも、彼らは、外で遊ばないのだ。勉強の休憩時間にやっていたのは、コンピューターゲームである。

要するに、頭を使ってばかりの生活なのだ。

そんな生活をしていて、頭がおかしくならない方がおかしい。と、外で遊びまわっていた私には感じられるのである。

次に、食べ物の影響が考えられる。

現在、日本と隣の韓国で使われている農薬は、ヨーロッパやアメリカなどで使用禁止になっているネオニコチノイド系のものなのだ。

そして、この二カ国で、その使用量と比例するように増えているのが、発達障害の子どもでもある。

正直な話、私の知っている限りの私より年下の人々では、ほとんどの人が発達障害であるように感じることが多い。本当にごく一部の人を除いた圧倒的多数の人々の話す内容が、きわめて「幼い」と感じられるのだ。

40代の人も、50代の人にも感じる。少なくとも、高校生たちは幼稚園児にしか見えないし、大学生たちの話す内容は、小学3年生程度でしかないと感じられることが多い。

「全ての」というわけではないけれど、9割程度の者たちの会話は、私たちが小学高学年の頃に話し合っていた内容よりも「幼い」と感じてしまうことが少なくないのである。

承認欲求が強いという傾向も、このベクトル上にあるような気がしてならない。

まさか、日本の子どもの9割が「勉強のしすぎ」ということは考えられない。

食べ物や飲み水の影響を、無視することはできないように思われる。

そして、三番目に考えられるのが、デジタル機器の使用である。

コンピューターゲームが一般家庭に普及してきたのが、１９７０年代から。

90年代には、中流以上の家庭のほとんどがパーソナル・コンピューターを一台以上持っていたのではなかったろうか。

今の多くの若者たちの頭が「デジタル化している」……というのが、私の印象でもある。

すなわち「思考の単純化」と「過去の記憶の喪失」という現象が見られるのだ。

11）「過去の記憶のない人々」

過去の記憶のない人たちが増えている。学校で習ったことのほとんどを覚えていないばかりか、ほんの数ヶ月前のことさえ覚えていない人も少なくないのだ。

これは「頭が悪い」とか「記憶力が低い」などと言った次元以前の問題であるように思われる。

たしかに覚えるべきことが多すぎるという事情もあるかもしれない。

今の人たちは、毎日のようにネットからの情報を仕入れている。

高校生までの勉強量（記憶量ではない）が多すぎることも原因として挙げられるだろう。

インターネットもテレビもなかった時代に育った私の両親や祖父母たちは、誰もが小学1年生で習った国語の教科書の文章を覚えていた。暗記するくらいに何度も朗唱させられたのかもしれない。

また、どの人も幼児の頃のことを鮮明に覚えているのが当たり前でもある。私も、おおよそ覚えている。

私や私の先輩たちは、どんな劣等生だった人でも、2才や3才のときの記憶があるのが普通なのだ。むしろ劣等生だった人の方が、記憶が確かであることが少なくないかもしれない。

子どものときに誰とどんな遊びをしたとか、とても恥ずかしい思いをしたとか、家族とどこへ行ったとか……クラスメートの名前もだいたい言える。

ところが、私よりも年下の人たちでは、小学生の時の記憶がない人が普通になっているのだ。

中には、高校時代の記憶が失われている人さえ稀ではない。

私と同世代の者でも、小学生のときの記憶を失っている者もいるにはいる。そういう者にかぎって有名校出身であることが少なくない。

だとするならば、記憶容量がオーバーフロート状態になっていると考えることができるかもしれない。

覚えることが多すぎて、溢れ出してしまっているということだ。

しかし、わずか数週間前の記憶さえも消えている人が少なくないことを思えば、単に記憶容量の問題だけではない他の何かの原因があると考えるのが自然であるような気がしてくる。

私が抱くのは、かなり若いときからパソコンや携帯電話を扱っていたのではないか？という疑いだ。

思考パターンの「デジタル化」という現象から切り離して考えることができないように思えるのである。

くり返すけれど、デジタルには前後のつながりが見られない。瞬間・瞬間に数字なりデータなりが入れ替わっていくだけだ。

有機的なつながりがないのが、デジタルの世界だと考えられもする。

彼らの思考パターンもしくは記憶形体においては、「体系的なつながり」や「有機的な結合」がなくなってしまっている。

その結果として、記憶が途切れてしまっている可能性がないとは言い切れないのだ。

12)「アイデンティティー・クライシス」

実は、世の中のデジタル化によって起こりうる変化のうちで、私がもっとも懸念しているのが、アイデンティティーの喪失なのだ。

デジタル化が進んで行けば、なぜアイデンティティー・クライシスが起こるのかについて考えてみたい。

「アイデンティティー」は、日本語で「自己同一性」と訳されている。

簡単に言えば、昨日の自分と今日の自分が、確かに同一の人間であるという確信のことだろう。

これは、おおいに感覚的な部分が大きなポジションを占めると思うのであるが、「自分という人間が、他人とは違う人間である」という思いの核心には、「記憶」が重要な位置を占めていることは否定できないと思われる。

たとえば、私「山田太郎」は、まちがいなく父である「山田一郎」と母である「山田花子」の息子であり、幼いときに両親に対してダダをこねた記憶や、小学生のときに川で溺れかけた思い出などを、大人になった今も継続して保持していることが、自分はまちがいなく「山田太郎である」という確信につながっていると思うのだ。

「自分が何者であるのか分からない」とか「自分が何をしたいのか分からない」と訴える若い人が、私の周りにも増えているのだけれど、そういう人のほとんどが「幼い頃の記憶がほとんどない」と語っているのだ。

もしも、若い人たちのかなりの数が、デジタル機器の使いすぎによって、「デジタル脳」になっているのだとするならば、「思考の分断」はもとより「記憶の分断」という現象が起こっていても、まったく不思議でないと、私は思う。

つまり、昨今に増えている「アイデンティティー・クライシス」も、デジタル機器の普及が、深く関係していると考えられるのである。

13）「アイデンティティーを創りあげる」

コンピューターには、自分という存在を認識できない可能性がある。

コンピューターが、人間によって作られている以上、あるいはコンピューターという機械によって設計される以上、「唯一無二の存在」としての自分を築くことが不可能だと思われるのだ。

コンピューターが、人間や他のコンピューターや自分自身によって、自分の構造や入力情報を組み替えることができるということは、「確固とした自分」、「揺るぎない存在としての自分」を維持できないということも意味している。

つまり「A」にもなれるし「B」にもなれる。また「C」や「′C」であることも可能である。と、いうことは、確固とした「特定の自分」というものが存在しないことになるのだ。

人間は、簡単には別の人格を持つことなどはできない。多重人格という人も稀にいるが、普通は他の人格に入れ替わることなどのできるはずがない。

それが弱みでもあると考えることもできるけれど、強みであると捉えるのが素直な見方ではないだろうか。

今は、確固とした「自我」ないしは「自己」を持たない機械のような人間が増えていると感じるのだけれど、これから先には、そういう人は**ＡＩに立場を奪われやすい**だろう。

だから、若いうちから「自分」という強固なビルを築き上げる作業に取り組むべきであると痛感するのだ。

では、自分という建築物を築き上げるには、どうすれば良いのだろうか？

それは、自分自身や自分自身の人生や、自分を取り巻く世の中というものについて「よく考え」、そして「悩み」、様々なことにチャレンジして**「試行錯誤」**（＝“Trial & Error”……挑戦して失敗すること）をくり返すことが、何よりも重要であることはまちがいない。

その意味では、同世代の子どもたちと自然の中を遊びまわるという経験は価値が高いと思われる。

遊びまわる中で、仲間たちとぶつかったり、ちょっとした怪我をしたり、あるいは帰り道を見失って途方にくれたりといった体験こそが、脳機能のコントロールセンターと言える**「前頭前野」を形成する**上からも、見直されてしかるべきではないだろうか。

それができにくくなっている今は、一人でいいから出来るだけ家の外に出て、自分の住んでいる街を眺め、たまには隣町にまで遠征してみたり、道路脇の雑草を観察したり、ときには土をほじくり返してミミズや虫の幼虫に出会ったり、勇気を奮い起こして他人に道を尋ねてみるとか、美術館や映画館に入ってみるなどの行為にチャレンジするしかないのかもしれない。

「やってみる」→「失敗《しくじ》る」→「後悔する」→「反省する」→「分析する」→「微調整して、またやってみる」といったサイクルを何度も何度もくり返し行なうことでしか、本当の自我や自己は形成されないのだと思う。

14）「しっかりとした土台をつくる」

「自我」や「自己」は、家の土台にたとえることもできるだろう。

60（昭和35）年あたりから、家庭の教育方針も、学校の指導方針も、家の土台や柱をつくり上げることではなくて、見栄えの良い家づくりの方に力が向けられるようになってきた。

外観の素晴らしさや家の高さを競い合うようになっているのだ。

それは、企業が求めているからでもあるだろう。ある一定以上の高さのある家（学歴）に住んでいなければ、チャレンジ権さえ与えられないのである。

それは安定した収入を確保するとか社会的な地位を得るということに関しては、有効な手段であることは確かである。

しかし、私は、そのことよりも、むしろ土台づくりの方が大事だと言ってきた。

ビルを高層にすればするほど、しっかりとした土台を築く必要があることは言うまでもないことだ。

私の知っているかぎりの私よりも若い人々は、たしかに私の住んでいるボロ家よりも、はるかに見かけの美しい超高層のビルに住んでいる。

そこからの眺めは素晴らしいだろうし、住み心地も良いだろう。また、人様に自慢もできるに違いない。

けれども、土台の脆弱な家は、地震に弱く強風にも吹き飛ばされやすい。

いや、微風が吹いただけでも傾いてしまうのだ。

彼らは、他人の言葉にビクビクしている。失敗を極度に恐れているのは勿論のこと。ほんのちょっと叱られたり、注意されただけで、もろくも倒壊してしまうのだ。

他人の言動に左右されやすいから、言葉によるイジメにも弱い。すぐに傷ついてしまうのである。

日本有数の超高層ビルを打ち立てたにもかかわらず、ちょっとの挫折や失敗やイジメによってウツ病になったり自殺に至ってしまったケースは、枚挙にいとまがないほどでもある。

誰から何を言われようと、ビクともしない強固なメンタルを築き上げるべきではないだろうか。強風にさらされようと巨大地震に見舞われようとも、倒壊しない家づくりをするべきだろう。

温室の中に入りっぱなしで、強いメンタルが出来上がるだろうか？

誰かに守られていて、土台のしっかりとした家を造ることが出来るだろうか？

外に出ること。他人と交わること。他人とぶつかり合うこと。

チャレンジと失敗（Trial & Error）をたくさん経験すること。

自然の中に混入すること。昆虫や動物や草花に慣れ親しむことの方が、はるかに大事なことだ。と、私は思う。

少なくとも、デジタル機器を操作することではないはずだ。

第2章「考えない葦」

1）「考えない葦」

「人間は弱い葦にすぎない。しかし、それは**考える葦**である」と言ったのは、パスカルだった。

考えない人が増えている。カフェ、コンビニエンスストア、ファミリーレストラン、銀行の窓口、役所、ホテルの受付け……どこへ行っても、マニュアルどおりにしか動こうとしない人が目立つのである。

そして、そういう人にかぎって表情がない。まるで出来そこないのロボットのようでもある。そんな人が増えているのだ。

ある著名外国人は、90年代にはじめて日本を訪れたときに、とても感動したのだと言っている。

「ホテル、レストラン、バーなど、どこへ行ってもとても親切な人たちばかりだ。こちらのリクエストに応じて臨機応変に対応してもらえる。こんな素晴らしい国は他にはない」と絶賛している。

ところが「今の日本は最悪だ。日本人の良さがなくなってしまっている。どこへ行ってもマニュアル通りにしか働こうとしない」と、２０１８年の著書の中で嘆いているのである。

また「今の子たちは何んにも考えていない」と呆れているのは、デリヘル業界で働いている男性である。

「携帯代を稼ぐのに、ほんのちょっとしたアルバイトをやる感覚で売春をしているんですよ！」と驚いているのだ。

彼自身、若い女性を酔っ払わせてホテルに連れ込むなどの所業をくり返していたような軽い人間でもある。

そんな彼が「軽すぎる」「何んにも考えていない」と嘆いているほどなのである。

もちろん、言うに言えない事情で、この業界で働いている人を何人も知っている。子どもを育てるために、懸命に、それこそ命がけで頑張っている女性もいるのだ。

しかし、大半はそうではない。見ている方が怖くなるほど、考えないままに生きている人が少なくないのである。

一方で、若者たちのカリスマ的な存在と言ってもいい著名人は、「考えるな！」「考えたら負けだ！」「悩む時間は無駄だ！」と考えないことを、若者に勧めている。

ウジウジと悩んでばかりで行動できない若者たちを見ていて、そのように説いているのかもしれない。

行動する投資家として世界的に有名なジム・ロジャーズさんは、「自分の頭で考えなければ失敗する」と言っている。

ネットの情報や他の誰かからのアドバイスを鵜呑みにしてそれに従えば、投資は失敗すると警告する。

自分でよく調べ、現地まで足を運んで、自分の目で確認して、最終的に自分の頭で判断することの重要性をことあるごとに強調しているのだ。

２）「考えるのが恐い」

「考えると不安になる」……「だから考えない」という人たちもいる。

「考えれば考えるほど、どんどん不安が増していく」のだと言う。

「生きること」や「死ぬこと」。「人生について」とか「自然環境の変化」などについて考えると、「心が落ち込んでくる」「心配で夜も眠られなくなる」と訴える人は少なくない。

また「考えるのがメンドくさい」という人もいる。

「どんなに考えても、何も解決できそうにない」「悩んだりしても、気分が滅入ってくるだけだ」とも語っている。

だから「コンピューターゲームに没頭する」のだそうだ。「マンガやアニメを見ているときのほうが気楽になれる」と言うのである。

「マンガを見ているときと、眠っているときと、ゲームをやっているときだけが、不安感や精神的苦痛を忘れられるのだ」という声を、多くの若者たちから聞いてきている。

「心が病んでいる」と言えば、それまでだけれど、彼ら・彼女らの気持ちは分からないでもない。

私も、そういう時期を経験したことがあるからだ。

考えても考えても、同じところをグルグルとまわり、どんどん悪い方へ向かっていたものだった。

「スパイラルに闇へ向かって落ちていく」と表現すればよいだろうか。

私の場合は、思春期の終わりの一過性の現象だった。折あしく失敗が重なって自信喪失したこともあり、そのような状態に陥ってしまったのである。

毎日が苦しくて苦しくて仕方がなかった。だから、そこから脱けだすことに必死になった。

考えられるかぎりのあらゆることをやってみたことにより、どうにかこうにか数年で立ち直ることに成功したのである。

けれど、一生を通してその状態から抜け出せない人も数多く見られる。あたかも蟻地獄にはまってしまったかのようでもある。

そのような人々の多くは、自信がないのではないだろうか。

「自分の力で、物事を解決できるはずがない」とか「前に進んでいくだけの能力が足りない」などの感覚を、心の底に棲みつかせてしまっている可能性が考えられるのである。

自信を持ち損なっている人が増えているように感じられるのだ。

3）「メンタル強度」

いろいろな人たちの話を聞いてみて感じることは、「考える力」は単に「知能」の高低の問題だけではなく、「メンタルの強さ」とも相関関係がありそうだということだ。

「明日のことを考えない」という人に話を聞いた。

「明日のことを考えると不安になる」と言う。

「目標を持つのもイヤだ」と語る。

「目標などを持ってしまえば、心が苦しくなるから」らしい。

「何んにも考えない方が、ラクに生きられる」のだとも主張している。


彼は、40才を過ぎるまでヒキコモリに近い生活を送っていた。

今は、それまでに買い集めたフィギュアを切り売りして生計を立てている。

彼は、もう若いとは言えないけれど、若い人の中にも、彼と似たような心理の人が多いのではないだろうか。


一方、彼とは対照的なことを言っているのは、世界的に著名な企業経営者たち。

「ヴァージン・レコード」や「ヴァージン・エアライン」を創業してきたリチャード・ブランソンさんは「目標を持ち、それに挑戦していくことに生きる意味がある」と、言っている。

また「ソフトバンク・グループ」を率いる孫正義さんも「志、高く！」と事あるごとに発言しており、「将来のことをもっと考えるようにしよう！」と説いてもいる。


どちらが「良い」とか「悪い」を言っているわけではない。

双方の考え方が理解できるし、双方のスタンスを尊重したいとも思う。

ただ、ほとんど同じ世代の人間であるのに、こうも人生観が対極であるのは、非常に興味深いことではある。


人生では、いいこともたくさんあるけれど、良くないことも起こる。

お釈迦さまが「人生の本質は〝生・老・病・死〟にある」と仰っているとおり、生きるという行為の中には「苦」が満ちている。


たいていの場合、人は苦しんで生まれてきて、苦しみながら死んでいかざるを得ない。

笑って生まれてきて、笑いながらこの世を去って行けたら、どんなにいいだろうと思う。

ところが、残念なことに、そうはいかないのが現実世界である。

「人生の本質は苦である」という見方を否定することは難しいように感じるのだ。

仮にそうであるならば、本質的に物事を追究しようとすればするほど、苦しくなっていくのは当然だとも言えるだろう。

「考えるという行為自体に苦しみが伴う」と言っても過言でないかもしれない。

しかしながら**「考えることを排除しては、人の人生は成り立たない」**というのが、私の考えでもあるのだ。

肉を引き裂く強い牙も、敵を威嚇する鋭い爪も、猛獣を打ち倒す強靭な腕力も備えていないのが、私たち人類なのである。

自然界においては最弱に近い存在である私たちが、過酷な現実世界を生き抜いていくために有効な道具となり、かつ私たちにしか備わっていない武器は一つしかないと思う。……それが「思考力」である。

すなわち「考える」とは、私たちが生きるために頼り甲斐のある「強力な武器」と言うことができるのだ。

そして同時に、それが、私たちがこの世の中に存在している「ミッション（使命）」であると捉えることも可能だと思うのである。

４）「私たちは考えるという個性ゆえに、この星に存在している」

私は、すべての事物は、この世の中に**「存在する価値と意味がある」**と考えている。

ライオンはライオンとして存在している意味があり、ネズミにはネズミとしての価値がある。

同様にして、バクテリアにも森の樹木にも、地面に生えている苔やカビにも、道端に落ちている枯葉にさえも、**存在の理由**があり、それぞれの**「役割」**が備わっているのだ。

その役割のことを、この星における**「ミッション」**と呼ぶことも可能なのではないだろうか。


つまり、それぞれの事物は、それぞれの個性ゆえに、存在している価値を有すると考えることが可能だと思うのである。

逆に言えば、イスとしての個性をなくしたときに、イスはイスとしての存在意義を失い、バクテリアが分解機能という個性を失ったときに、存在する価値を失ってしまうことになる。

もしも存在の意義を失ってしまったものは、何にかかわらず、この世界から消え去り行くことは時間の問題でしかなくなる。……それが私なりの「進化論」の解釈でもあるのだ。

では、私たち人類という生き物の、他の生き物にはない個性とは、いったい何なのだろうか？

それを探していったときに思い当たるのが、「考える」という能力なのである。

だとするならば、地球上の生き物の中で唯一「考える力」を備えた人類は、**「考える」ことを放棄してしまっては、己の存在する意味を全うすることができなくなる。**というのが、私の見方なのだ。

すなわち、苦しかろうが、楽しかろうが、私たちは考えるしかない。

「考えることなしに、私たちはこの世界に存在することができないのだ」と言ってしまっても、けっして過言ではないと思うのである。

たとえ、どんなに苦しくても**「考えることが私たちの使命（ミッション）」**だとするならば、そこには**「メンタルの強さ」**という**「土台」**がなくてはならないことになるだろう。

5）「メンタルは、なぜ弱くなってしまったのか？」

正直に言って、私は自分でメンタルが強い人間であるとは思わない。

常に、もっとメンタルの強い人間になりたいと望んできた。

そんな私から見ても、私よりも若い人々のほとんどが「メンタルが弱い」と感じる。

昨今の男性たちを見ていると、とても社会を担っていけるようには感じられない。そういう人だらけと言っても過言でないほどだ。

そんなことになってしまっているのには、いくつかの理由が考えられる。

まず、文明が発達の極みに達してしまったことを挙げなくてはならないだろう。

「文明が発達すればするほど、私たち人間は弱くなる」というのは必然のことかもしれない。

自動車が生まれて、私たちは歩かなくなった。人類が地球上に誕生して以来、何百万年もの間、二足歩行をつづけてきたのだ。

人類の長い歴史ではついこのあいだの江戸時代まで、人々は歩いて何百キロも移動していた。松尾芭蕉も、伊能忠敬も、坂本龍馬も、自分の脚だけを頼りに日本列島の中を移動していたのである。

先の戦争中にも、炎天下のジャングルの中を、兵士たちは重い銃器を背負いながら一日に１００キロ近くの距離を歩いて移動したのだと聞いている。

今は、ほんのちょっとの距離でも、車や電車に乗ってしまいがちである。

エアコンが普及したことにより、ガマンする力がなくなってしまった。

夏の猛暑も真冬の酷寒も、ガマンしなくていいのだ。スイッチ一つで、それらから逃れられる。このことがメンタルに及ぼす影響は測り知れない。

ほんのちょっと前、たかだか30年ほど前までは、一般家庭にはエアコンはなかったのだ。どんなに暑かろうが、どれだけ寒かろうが、ガマンするしかなかったのである。

次に、家庭の躾《しつけ》・教育の問題が挙げられる。

私たちの世代から見れば、今の子育ては正常には見えない。

両親ともに「異常なほどの優しさだ」と感じることが多い。ほとんど、そうかもしれない。「かまいすぎ」だし、「大事にしすぎ」である。

電車の中やカフェで見かける子ども連れの場合、他人の私が叱りたくなるような光景に頻繁に出くわすのだ。

もうこの日本では「躾」という言葉は、死語になってしまったのかもしれないと思うほどでもある。

０～５歳までの育ち方は、人格形成を決定づけると言われている。

私も、その説に同意する。

世の中というところは、何の仕事をするにせよ、あまくはない。

その期間に甘やかされた子どもは、その後の人生で苦労することになるのは目に見えている。

もちろん、厳しすぎるのも問題である。厳しすぎる育てられ方をされた人は、キツイ性格になりがちだろう。虐待などはモッテのホカというしかない。

世の中は「バランス」で成り立っているという話をした。子育てには、それがとくに重要だと思われる。

人格形成の段階においてバランスが崩れているのだとしたら、アンバランスな性格の人間が増えるのは当たり前すぎることである。

バランスが崩れている人間同士が結婚して子どもを育てているのだとするならば、世代が下るほどにますます崩れて行ってしまうことになるだろう。

もちろん、現代の子育てが難しいことは理解できる。

子どもは、子どもの中で育つのがベストだと思う。ちょっと前までは、そうやって成長するのが当たり前だった。私自身も、そうやって成長してきたのだ。

しかし、今は子どもの集団が消滅しているし、子どもが遊べる自然環境も失われてしまっている。

昔のような放ったらかしの状況にもどすことは、なかなか難しいかもしれない。そうは言っても、「かまいすぎ」も「大事にしすぎ」も「虐待」行為も「ネグレクト」も、親による「子ども破壊」であると言って差し支えないと思う。

3番目は、子どもの生活が著しく偏《かたよ》っていることにある。

今の子どもたちは勉強をはじめ、インドアでの暮らしに終始している。外で遊んでいないのだ。

学校で勉強し、塾で勉強し、移動の時間や家に帰ってからはコンピューターゲームやインターネットをやっている。

「頭を使ってばかり」の生活である。これで頭や心がおかしくならないはずがないと思われるし、メンタルが鍛《きた》えられるはずもない。

若者たちの「活字離れ」現象も、このことが最大の原因であると、私は疑っているのだ。やはり、ここにおいても「バランスの欠如」というポイントから逃れられないように思う。

6）「タフさとは何か？」

「タフ」という言葉がある。それが、肉体的な強さを意味していることは言うまでもないだろう。

では、肉体的なタフさの意味とはいったい何だろうか？

それは、単に「腕力が強い」とか「足が速い」とか「運動神経が優れている」ことのみを意味しているのではないと、私は思う。

ボクシングの試合で考えれば、相手をノックダウンする強力なパンチ力を有していることもタフというのかもしれない。

けれど、それよりも、むしろそのような打撃を受けても倒れないだけの「肉体的強度」と「精神的な粘り強さ」を兼ね備えていることだと思うのである。

さらに突きつめれば、何発殴られても倒れないことはもちろん、たとえ倒されたとしても、何度でも立ち上がって闘いつづけられるだけの「ファイティングスピリット」および「持久力」および「精神の粘り」および「再起力」などの総称を指しているのだという気がしてくるのだ。

そう考えていくと、「粘度の高い肉体」や「気持ちの強さ」や「折れない心」を持っている人こそが「タフな人間」ということになりそうである。

しかし、何かに挫折したり何かを失ったりしたときに「心の折れない人」などがいるのだろうか？

人生という修羅場を生きていれば、誰でも心折れるようなことを幾度かは経験しないわけにはいかないだろう。

どんなに苦しいことや悲しいことに遭遇しても「心が折れない」という人が、もしもいたとするならば、そういう人は人間を超えた存在であるか、心がマヒしているか、もしくは心が死んでいるとしか、私には思えないのだ。

だから、私は、心が折れることがあっても良いと思うし、それは人間である以上は当然のことだとも思う。

もっとも大事なことは、心が折れないことよりも、たとえ折れることがあったとしても、心が粉々に砕け散ったとしても、何度でも自己修復して立ち直ることだと言う気がしてならないのである。

要するに、尽きることのない**「自己修復力」**を備えることこそが、「タフ」と言うのではないだろうか。

これから先の困難な世の中では、そのことが最重要課題になってくるはずだと、私は考えているのだ。

7）「マイナス面を見つめる強さ」

「タフ」ということについて補足をしておきたいと思う。

それは、昨今の「プラス思考」とか「ポジティブシンキング」の風潮についてである。

「プラス思考」が爆発的に広がりはじめたのは、１９９０年代の半ば、バブル景気がはじけた頃に大ベストセラーになった『脳内革命』が端緒だったと思う。

それまでは、一部の経営者たちの間で学ばれていた思考メソッドが、大多数の人々の間に浸透したのである。

学生も受験生も主婦も一般会社員の間にも。それこそ猫も杓子《しゃくし》も、という様相で広がったものだった。

今や、私の周りやＳＮＳの中は、プラス思考の信者だらけである。

彼らは、マイナスの考えや予測をいっさい受け入れようとしない。

「自分は凄い」「将来は、きっと良くなるはず」「自分は絶対に成功する」……

それらの考えを否定はしない。暗い予測だらけよりもいいに決まっている。

しかし、極端すぎるのは考えものである。

たとえ行く手に巨大な氷山が待ち受けていたとしても、ほとんどの人は、それを認めようとしないのだ。

そのことを指摘しようものなら、寄ってたかって非難されてしまうのである。

40年前、教育問題に取り組んでいたときに、そのことをイヤというほど思い知らされた。「このまま進めば子どもが壊れる」という私の主張に対して、「現実が見えていない」「頭がおかしい」「夢を見ている」などと、全ての人々から猛反発を受けてしまったのだ。現実を見ていなかったのは、私だったのだろうか？　それとも、私を批判した大多数の人々の方だったのだろうか？

それ以前にも、そういう人は多かったのだけれど、90年以降に景気が悪くなってからは、とくに悪い予測を排除して、自分にとって都合の良い予想にすがりつこうとする人の割合が増えたと思う。急激なほどに。

私は思うのである。むしろ世相の良くないときにこそ、マイナス面から目を背けないで悪い予測を直視すべきだ、と。

もっと率直に言わせてもらうならば「どん底状態のときに、最悪のシナリオを想定できること」こそが、ほんとうのタフさであると思う。

世界一の投資家であるウォーレン・バフェット氏は、まだコロナの猛威の収まらない２０２０年5月の株主総会で、こう語ったのだという。

「私は、大部分の人々が考えているものよりもかなり悪い、極端なほどの最悪のシナリオを想定している」のだと。

90歳に達する氏が、今日に至るまで世界有数の資産家でありつづけてこられたのは、そのような用心深さに裏打ちされた「メンタルの強さ」、すなわち「タフさ」ゆえであると、私は確信しているのだ。

氷山が迫っているときに、危機から目を背けてサロンでダンスに明け暮れる人と、最悪の事態を想定して救命ボートの準備をはじめる人とでは、どちらが生き残る確率が高いのか？

……答えは、明白ではないだろうか。

つけ加えておけば、バフェット氏の言う「極端なほどの最悪のシナリオ」とは何か？……というと、それは「戦争」だと思う。

彼にかぎらず、ある程度の規模の戦争の起こることを想定して動きはじめている人々は、アッパー層（資産という意味だけではない）の中に増えてきている。

大規模戦争に至る前提条件は「経済の行きづまり」であることも確かかもしれない。

まさに、最悪の事態を想定して「救命ボートの準備」をはじめている人たちだと言えよう。

第3章「神の国への侵略」

1）「人間の在り方を変えてしまう人工知能」

今、私たちはもの凄い「変動の時代」に生きている。

「自然破壊」「気候変動」「巨大地震」「人口爆発」「経済破綻」「新しい感染症」……等々。

まさに、常々私が提唱してきた「21世紀の壁」が、いよいよ行く手に姿を見せはじめてきているように思える。

高くて険しいこの壁を、なんとしてでも乗り越えないかぎりは、私たちは明日の世界に生き残ることができないのだと断言できる。

当然のこと、これを乗り越えられる人と、乗り越えられずに淘汰されてしまう人とに分別されることは間違いないだろう。コロナでも大勢の人が亡くなっている。

さて、高くて険しい「21世紀の壁」の要素で、もっとも手強いものは「人工知能」であると、私は考えている。

多くの方々は、コロナウィルスなどの感染症や、経済破綻や恐慌や、気候変動による自然災害や、戦争やテロなどのことを心配しているかもしれない。

もちろん、それらが乗り越えなければならない厄介な壁であることは間違いないことである。

中でも、環境問題は深刻だ。これについても、40年前から危機感を抱きつづけている。


それらについて考えていったときに気づくことは、それらに対する考え方もアプローチの仕方も、それら諸問題の乗り越え方も、基本的には「どれもみな同じである」ということなのだ。一つのことを根本的に解決する方法が見つかれば、他の問題もすべてクリアできると考えられるのだ。

要するに、コロナ問題も、環境問題も、経済問題も、すべて私たち人間自体の問題から発生してきたということである。


私たちが方向性を変えないかぎり、どれも解決するわけがないのだ。

たとえ一つを克服できたとしても、また次に問題が立ち起こり、何度打ち倒しても襲いかかってくるゾンビのように私たちに襲いかかってくるにちがいない。

「臭い匂いは、元から絶たなきゃダメ！」というコマーシャルが昔はやったけれど、まさに問題の根本を突き止めて、そこを改善しなければ永遠のイタチゴッコがくり返されるだけで、ついには全てが終わってしまうことになるだろう。

私は、この本では、おもに人工知能の問題について取り上げている。

その第一の理由は、このことを考えていくことで、全ての問題の突破口が開けると考えているからでもある。

全ての問題の根源は同一のものであり、一つを解決することで、他の難題も、１００％とまでは言わないけれど、ほぼ全てをクリアできると確信しているのだ。

それに加えて、他の問題については、すでに顕在化してしまっているという状況もある。多くの方々が憂慮を深め、その対策に取り組んでいる人の数も少ないとは言えない。

ところが、この問題については、危機感を持っている人があまり見かけられないのである。

むしろ、それを好意的に受け入れ、期待感を寄せている人の方が多いようにも見受けられる。

そして、このことは、時間が経つほどに、私たち人間の手が届かない問題に発展していくことが予想されもする。

ちなみに「シンギュラリティ」とは、人間の能力の限界を超えてしまうことを意味しているのだ。

ゆえに、人工知能を軸としたデジタルテクノロジーの発達が、私たち人類の命運を決定的に左右することになる。……と、私は懸念しているわけなのである。

私たち人類は、その発生以来、延々と何百万年にもわたり「労働」というものを行なってきた。約1万年前に行われた「農業革命」により、人々の生活は劇的に変わった。狩猟・採集の移動生活から解放され、農耕・牧畜を営む「定住生活」へと移行したのである。

さらに、２５０年ほど前から始まった「産業革命」によって「工場制機械工業」というシステムが生み出され、大量生産・大量消費によって賄われる「資本主義」の社会へとステップアップした。

これら二つの革命を通して、直接的な労働をしない特権階級が生まれる一方で、大多数の人たちはより過酷な労働に従事しなければならなくなったのである。

その「労働」から、今まさに人類全体が完全に解放されようとしているのだ。

これは、私たち人間の生き方を、根底から覆してしまう可能性がある。

この意味からして、人工知能の開発をはじめとした「デジタル機械」の進化は、これまでの改革や革命よりも、大きな意味を持つと考えられるのだ。

「労働」の概念を覆すことになるだろう「デジタル革命」は、私たちの「働き方」や「生活スタイル」を変えてしまうばかりではない。

それは、人間の**「在り方」**や**「存在意義」**までを、根底から揺さぶってしまうことになりかねないのだ。

2）「人類誕生以来で最大の事件」

科学技術と工業が大発展を遂げた結果として、20世紀の末からはじまったのが、半導体革命だった。

計算機としてのコンピューターが作られ、あっという間に小型化してしまった。

そうやって普及したパーソナル・コンピューターのおかげで、世界中の人々がインターネットで繋がったのである。

今や、誰もが、コンピューター端末とも言えるスマートフォンを持ち、いつでもどこでもインターネットに繋がることが可能になっている。

その結果として、人々の思考が「デジタル化」してしまい、記憶や思考そのものを「スマートフォン」に代行してもらえるようになってさえいるのだ。

そして、さらに、世界のどこかで地震などの自然災害が起こっている時でも、未知の感染症に多くの人々が苦しめられている最中にも、コンピューターチップは緻密度を増し、私たち人類の脳機能を越えようとしているのである。

これは、人類が神の領域への侵入を始めようとする「起点」であると考えることができる。

また、数十億年にわたって紡ぎつづけてきた地球上の有機生命体の系譜を、根こそぎ覆してしまう「大転換点」にもなりかねない大事件だとも言えるのではないだろうか。

少なくとも、人類という生物種が地球上に誕生して以来の数百万年で、最大のイベントがはじまろうとしていることは間違いのないことだと思うのである。

3）「人類と人工知能との交差点」

人類は、今、かつて経験したことのないほどの大きな交差点に差しかかっている。

ＩＣチップの集積度が秒単位で緻密になり、それを搭載した人工知能の性能が指数関数的に進化していっているのだ。

記憶容量や思考スピードという点で、すでに人間を凌駕《りょうが》しているＡＩが「全ての能力面において私たち人類を追い抜くのは目前に迫っている」と、主張する専門家は少なくない。

すでに作曲をしたり、デザインをしたり、記事を書くなどの作業も代行できるようになっているという。

人工知能の発達が世の中に及ぼすだろう変化を「ＡＩ革命」と呼び、「１００年に1度」とか「１０００年に1度」、中には「１００００年に1度」の大改革と捉えている人々もいる。私は「人類が今までに経験したことのないくらいの超改革になる」だろうと考えているのだ。ちなみに、コンピューターの発明とインターネットの普及により進行中の一連の動きを「デジタル革命」と、私は呼ぶことにしている。

ところが、コンピューターの性能が進歩していくのと反比例するように、私たち人間の知性は「劣化」の一途をたどっているように見えないこともない。

そう。ＩＣチップの集積度が指数関数的に向上していっているのとちょうど反比例するように、人々の思考能力が指数関数的に劣化していっているように見えるのだ。

たとえば、２０００年以上も前、日本列島がまだ縄文式土器を使っていた時代のソクラテスやプラトンやアリストテレスに比べて、現代文明を謳歌している私たちは思考能力において、果たして深化していると言えるだろうか？

また、２００年ほど前に作られたモーツァルトのピアノ協奏曲やベートーヴェンの生み出した交響曲よりも、遥かに高性能の音響装置を有する現代の私たちの方が、高レベルの音楽を創作し享受し得ていると言い切れるだろうか？

私の目には、刻々に性能が向上して行っている人工知能に対して、私たち人類は、年々、日々、瞬間瞬間に、思考能力を失っていっているように見えて仕方がないのだ。

つまり「上り行くＡＩ」と「下り行く人類」が、今まさに**『デジタル革命」という〈交差点〉**でお互いにすれ違おうとしている**「歴史的瞬間」**であると捉えることも可能だということである。

４）「文明は人間を幸せにしたのか？」

人類は、過去に幾つかのターニング・ポイントを経験してきた。緩やかに進行していた社会が、何かのキッカケでとつぜん変わるのだ。

約１万年前の「農業革命」と、２５０年前の「産業革命」は、典型例だと言える。

これらの変革によって「人類は幸福に暮らせるようになった」というのが、ほとんどの人の見方だろう。多くの本や教科書にも、そのような意味合いのことが書かれている。


「食料を安定して確保できるようになった」とか「定住できるようになった」とか「安くて高品質のものを大量に生産できるようになった」とか「便利な生活ができるようになった」とか……


しかし、ほんとうに私たちは幸福になったのだろうか？

「定住する」ことや「便利な道具を手にいれる」ことは、人間にとってほんとうに幸せなことだと言えるのだろうか？

たしかに、これらの革命で、人口が爆発的に増えた。
生物学的な観点に立てば、それは「種としての成功」だと言えるだろう。

けれど……果たして、そうなのだろうか？

企業家にとっては、消費者が増えることは喜ばしいことかもしれない。
政府にしてみても、税収が増えるのだから良いことだと言えるだろう。

では、個人個人の人間は、人口が増えたことで「幸福度が増した」と言えるのだろうか？

また、科学技術をはじめとした文明が発達したことによって、私たち人類は、ほんとうに幸せになったのだと言い切れるだろうか？

５）「文明によって人類は進歩したのか？」

人類はピークを過ぎてしまったのだろうか？……分からない。

人口は増えつづけている。感染症や自然災害により、株価の落ち込みや流通の停滞が起ることはあるかもしれない。

幾つかの企業が倒産して、恐慌という事態になることが考えられもする。

だけれど、ＩＴ関係・ＡＩ関連企業の躍進を考えれば、今後もテクノロジーは進展して行き、世界のＧＤＰは乱高下をくり返しながらも上昇していくものと思われるのだ。

デジタルテクノロジーやバイオテクノロジーは、コロナ禍の最中においても加速度的な進展が見られたのである。

現象面だけを見れば「人類は進化しつづけている」と言えるだろう。

しかし、ちがうデータもある。

脳の容積は、３万年前から萎縮しはじめていると言うのだ。

我々ホモ・サピエンスの脳の容積は、３万年前は平均して「１５００㎤」あったのに対して、現在の平均値は「１３５９㎤」になっているらしい。

約10％の減少というのは、小さからぬ値だと思われる。


これは、もしかすると文明の発達が関係しているかもしれない。

太古の人類は、今日のような便利な道具を持たなかったから、全てのことを自分でやるしかなかった。

使えそうな樹木を見つけ出し、それを切り倒し、石で削り、獣を倒す武器を作っていたのだ。

いつ何時、猛獣に襲いかかられるか知れなかったので、四六時中、意識を研ぎ澄まし、五感をフル活動させておく必要もあった。

要するに、一人で何役もこなさなければならなかったのである。


今日の私たちは、その必要性がなくなっている。ホームセンターに行けば、動物を仕留めるためのナイフも、木を切り出すための斧も売っている。

だいいち、動物を仕留めることもなければ、自分で木を切り倒す必要もなくなっているのだ。コンピュータ・エンジニアにしても「自分の担当しているその部分のことしか分からない」というのが普通であるとも聞いている。

ちょっとした判断ミスが生死に直結していた大昔とちがい、猛獣から襲いかかられる心配もしなくていいし、食べ物を探しまわる必要もない。

猛暑からも酷寒からも、スイッチを押すだけで逃げ出すことができるようになっているのだ。

もちろん「脳の大きさ」が「知能の高低」に直接関係しているかどうかは分からない。小さな脳で、効率よく思考できるようになっている可能性もある。

しかし、前項で引き合いに出した２０００年前の思想家たち。あるいは、２００年前に生み出されたクラシック音楽のことを顧みたときに、その可能性に疑問を抱かざるを得なくなる。

私は思うのだ。一つ新しい技術が生み出されるたびに、人類は一つ、何かの能力を失っていっているのではないか、と。

6）「文明の発展は自滅への道？」

今から約1万年前、農耕がはじまった頃の世界人口は５００万人ほどだったと言われている。以後、四大文明の発生や産業革命などにより増えつづけてきた人類の数は、第２次大戦後の１９５０年代には25億人を数えるまでに増加した。

私が習った中学校の教科書には、世界人口は34億人と記述してあった。それが今では、わずか半世紀の間に2倍強の78億人に達しているのだ。

人口が増えれば、資源や食糧問題が深刻になっていき、炭酸ガスも増加して急激すぎる気候変動も問題になる。

地球という星がまかなっていける受容量を、とうに超えてしまっているという見方もあるほどだ。

日本国内では「少子化」のことが大問題になっている。だが、地球が人間の住める環境ではなくなれば、私たち全てが生きられなくなるのである。

農業革命や産業革命によって出生率が上がり寿命が延びて、世界人口が増大したことは、生物学的な観点に立てば「種としての成功」であると書いたけれど、今後の成り行きしだいでは、そのような見方も怪しくなってくるはずなのだ。

食べ物を食べることや水を飲むことは、生きていくためには必要なことだけれど、食べ過ぎ飲み過ぎは、かえって体を害することになる。

このことと同様に、プラスのことでも行き過ぎれば、たちまちマイナスに変わってしまう危険性を孕《はら》むのである。

一言で表現すれば**「バランスが崩れる」**ということだ。

つまり、人間を幸せにするためのテクノロジーであるはずなのに、それが発達しすぎてしまうことにより、人が死ななくなり、人口が増大してしまって、逆に人間が住めなくなる環境へ向かって突っ走っているという見方が成立しないわけではないのである。

そして、人工知能の登場は、この方向性にトドメを刺してしまいかねないのだ。

便利な道具は、たしかに私たちの生活を助けてくれる。しかし、一歩、使い方をまちがえてしまえば凶器にもなり得ることは言うまでもない。

このことは、それぞれの道具についてだけでなく、文明そのものに関しても当てはまる真理なのではないだろうか。

すなわち、文明の過剰な発展こそは、じつは人類が無意識のうちにめざしている「自滅への道」だと見ることも可能なのである。

７）「文明の発達は必要なのか？」

そもそも文明は発展する必要があるのだろうか？

縄文時代は、１万年近くもの間、ほとんど発展しなかったと考えられている。

江戸時代にも、約２６０年間、大きな変化が見られなかった。

それらの時代の人々は、今の私たちよりも果たして不幸だったのだろうか？


時代劇で描かれているように、悪代官が横暴な施政を行ない、山賊たちが跋扈《ばっこ》するような社会だったならば、年老いた芭蕉や忠敬が、たいした数のボディーガードも伴わずに国内を歩きまわれたはずがないではないか。

女性が友人同士で東海道を旅することができた、という記録が記されているくらいでもある。

縄文時代にも、領土争いや部族間の対立があったことが分かっているけれども、それ以後の時代に比べれば格段にそれらの少ないより平穏な社会だった可能性が高いのだ。

問題は、日本の社会が停滞している間に、縄文時代においては中国や朝鮮半島が発展を遂げ、江戸時代ではヨーロッパが産業革命を達成してしまったことだろう。

もしも、世界中の国々がいっせいに停滞した状態であるならば、問題はあまりないのではないだろうか？

「停滞することは良くない」ことだと考えられているけれども、ほんとうにそうなのだろうか？

前進するだけが人生ではないだろうし、発展しない社会の方が、じつは人間にとっても、他の生き物たちにとっても、地球全体にとってもベターであるかもしれないのである。

8）「数字の奴隷からコンピューターの奴隷へ」

多くの子どもと学生たちは、「点数」や「成績」。あるいは「偏差値」や「順番」を追いかけている。

社会人になれば、「営業成績」や「売上げ」を上げて、「収入」を増やすことに躍起になる。

そして、「お金」を貯めることが人生の目的になっている人も少ないとは言えない。

どれもこれも、全て〈数字〉である。

私たち現代人は、常に数字に囲まれ、数字に追い立てられて**「数字の奴隷」**になっていると表現できないわけではないのだ。

そして、このまま人工知能の性能がアップして世の中の隅々にまで行きわたれば、今度は**「コンピューターの奴隷」**と化してしまう人が増えてくることが予想されるのである。

電車やバスの車内でスマートフォンに見入り、ゲームやネットに夢中の人々や、ネットの情報に振りまわされている人たちを見れば、すでに、そうなっている気配を感じないわけにはいかない。

それもこれも、自分でモノを考えないクセがついてしまっているからではないだろうか。

もっと正確に言えば、自分でモノを考えたくないのかもしれない。

それでよいのだろうか？

そのような多数派の人たちが、**「単なるデータの供給源」**になってしまう確率が大きいのだと言わざるを得ないのである。

単なる「数字の奴隷」から「コンピューターの奴隷」へ移行してしまおうとしているのだろうか？

しかし、この方向性についても、行き着く先は、やっぱり**「数字の奴隷化」**を意味していると言える。

なぜならば、コンピューターの本質は「アルゴリズム」であるからだ。

アルゴリズムという語の定義を調べてみれば分かる。

このようになっている。……「計算可能なものを計算する手続きのこと」だと。

つまり、基本的には**「数字の操作」**であることには変わりがないことになるのである。

私は、去年に出した「デジタル脳化する人類」という本の中で、人間の思考パターンが、従来のアナログ思考からデジタル形式に変化しつつあることを警告した。

デジタル機械である人工知能が、量子コンピューターの開発などによりどんどん複雑化して行き、私たち人類は逆に単純化して、ついには**「低機能のデジタルマシン」**になろうとしていると言うことができないこともないのだ。

この意味でも、今日の社会が**「人類と人工知能の交差点」**に差しかかっていることを再認識しないわけにはいかないのである。

9）「意味を失う人々」

「意味のあることを嫌う人たち」が増えている。

そういう人たちは、じつは昔からある一定数は見かけられたのだ。どちらかと言えば、それが多数派だったかもしれない。

「意味のない会話」をしたがる人たちと言ったら分かりやすいだろうか。

その傾向がエスカレートしているように感じるのだ。

意味のある話を「煙たがる人」が増えているように感じるのである。意味のない話に終始している人を見ると、「意味という重荷に耐えきれない」ように見えることがある。

人生の意味から逃れて「できるだけ軽い人生」、もしくは**「意味のない人生」**を送りたがっているようにも見える。

それは、話しの内容だけではなくて、生き方そのものにも表れているように感じられる。

できるだけ働く時間を短くして、プライベートの時間を多く取りたいという志向を見てみても、この傾向が感じられるのだ。

プライベートにおける行為は、社会性を持っているとは言い難い。それは、あくまでも自分のための時間であって、基本的にはそれ自体に生産性は認められないのである。

しかも、その過ごし方の多くが、ネットゲームをするとか、家でボーッとするとか、寝ているというものである。だから、直接的な消費もあまり期待できそうにない。

本人が意識するしないにかかわらず、自分の社会的価値ないしは、世の中での存在価値を減じている結果に結びついていると言えるのではないだろうか。

もちろん、そのことを単純に悪しきことだと非難することはできないかもしれない。

何度も言っているように、立場によってモノの見方は変わるのである。

これから先の社会にとっては、そのような生き方の方が、より望ましいのだという見方も成り立たないわけではないだろう。

ただ、言えることは、そのようなスタンスの人の方が、コンピューターの発達によって、淘汰される確率が高いということだけは言えるのではないだろうか。

10)「地球のリセットボタン？」

どんな分野で眺めてみても〈9：1〉の比率に分かれているように見える。

おそらく、ベーシックインカム制度によって、どうにか生きていける程度の金額を受け取って「バーチャルリアリティーの世界で暮らす人たち」と、「現実世界の中で闘っていく人」の割合も、そうなるだろうと、私は予測しているのだ。

根拠は「現実社会で闘っていこう！」とする強いメンタルを持っている人が、1割ぐらいになってしまっているからでもある。

私は、１９５５（昭和30）年以後に生まれた人たちを「安定世代」と呼んでいる。「生活の安定」を人生の第一義に掲げる人が、急に増えたと感じるからだ。

そんな彼らの内の圧倒的多数……私が直接に話を聞いた範囲では９割超の人が、「働きたくない」あるいは「労働は〝悪〟」という感覚を持っているのである。

そのことについては、働くことは嫌いでないけれど勉強するのは大嫌いという私のような者が、とやかく言える問題ではないだろう。

生きてきた社会背景もちがうし、そのようなスタンスの方が正しく、昔の人間たちの感覚の方が間違っている可能性もある。

このまま進めば、人工知能とスマートロボットが、労働のほとんどを担う時代になると予測されもする。

デジタル機械がお金を稼いで、人間はその分配をもらって生活するというパターンが、徐々に確立されていくことになるはずなのだ。

ただ、私が憂慮するのは、単に食料や資源を消費するだけの「社会的には無用の存在」になってしまって満足できるのだろうかということである。

そして、さらに社会が次の段階に進んだときに、それら無用になってしまった人たちは、自ずとこの現実世界から排除されることになりかねない。

もちろん、彼らは、それ（排除されること）を「ヨシ」とする確率は低くはないと思われもする。

「スーパーヒューマン」にステップアップした極めて少数の「生きる意欲の旺盛な人々」だけが住む世界。……それが、この地球という星にとっては"BETTER"な方向性である可能性もある。

地球環境がメチャクチャになってしまっている今、この星は、ひょっとすると、もう1回だけ、リセットボタンを押したがっているのかもしれない。

11）「現実化する１９８４の世界」

「１９８４」とは、言わずと知れたジョージ・オーウェルの小説のことである。ビッグブラザーによる監視および管理が浸透した社会の恐怖を描いている。

コロナ騒動で分かったことは、安定世代の人々の多くが「安心」「安全」を強く求めているということだった。

中国・台湾のような徹底した管理を望む声が、ネット上でも少なからず散見されたのである。

おそらく、今後はコンピューターによる人々の「行動」や「性向」および「収入」や「貯蓄額」および「健康状態」や「経歴・学歴・病歴」や「交友関係」の〈管理〉と〈監視〉が進んでいくことになると予想される。

現時点では、監視カメラやスマートフォンによる行動追跡が行われているが、間もなくナノテクノロジーによって生み出された超微細チップが、ワクチンなどに混入されることになると予測している人も少なくはない。

人々の安心志向は、それを進んで受け入れる可能性のあることを示唆してるのではないだろうか。

若い人々の話を聞いていくと、かなりの割合の人が「オリ」の中に入りたがっていることも分かってくる。

家庭というオリの中で育てられた人は、オリの外へ出ることを恐れがちになるものだ。恐ろしい猛獣の跋扈《ばっこ》する外の社会から守られたいという意識が強くなるのだと思われる。とくに会社や学校に行くことを恐れている人々は、極端なほどに臆病になっているように見える。

彼らだけでなく、ほんのちょっとした「違い」を気にし、違っていることを恐れる傾向は、それ以外の多くの人々にも強く感じられることでもある。異人種、異民族、他国の人を排除しようとする気持ちが強いのは、そのためだとも思われる。コロナ自粛中に、他県者を排除しようとする動きさえ見られたことは、この傾向が強まっていることを証明しているようにも思える。

また、大人によって過度に指示されて育ってきた人々には、自らモノを考え、自ら行動を決断する習慣や能力が備わっていないことも確かだろう。

常に誰かによって管理され指示されたいと望んでいる人が、一般社会にも増えていることも明らかだ。

これらの「管理されたい」「指示されたい」という傾向の中にも、人々の「ロボット化」「デジタル機械化」の端緒が見て取れるのである。

刻々と「１９８４」の世界が迫ってきていることを、痛感しないわけにはいかない。

地球がリセットボタンを押してしまわないまでも、地球全範囲にわたって「分断社会」が出来上がる可能性は、けっして低いとは言えないだろう。

自由を謳歌する10％未満の「Upper class」の人々と、自由から逃れて檻の中へ入ろうとする「データ供給源」と化した90％強の「一般大衆」という区別のはっきりとした社会のことである。

いや、もう「すでに、そうなってしまっている」と言った方が正解に近いのかもしれない。

第4章「21世紀の壁を乗り越える」

１）「Heaven helps those who help themselves」

今、私たちはもの凄い「変動の時代」に生きていることはすでに述べた。

ところが、ほとんどの人々は、これから押し寄せてくる波に対して、安閑と構えているように見える。

自分自身では意識しないところで、消極的に「死」を志向しているように見えないこともない。

コロナ問題でも、驚くべき多数の人たちが、自分の判断や意志ではなく、マスコミなどの報道に押し流されていたのだ。

そのような人たちの態度を見ていると、自分自身や家族のことを、自分の頭で冷静かつ真剣に考えているようにはとうてい思えない。

考えないようにしていることも、十分に考えられはする。

あの明治維新のときに、地方に住む多くの人々が変革の意味に気づいていなかったのと同じような様相になっているのだと考えられないこともない。

また、40年前に「このまま進めば、学校でイジメがはびこり、学校に行けない子どもが出てきて、授業が成り立たなくなり、ついには教育が崩壊するだろう」という訴えを起こしたときには、全ての大人たち＝１００％の人々から否定され、非難を受けた。

そのような経験や、過去の歴史に加え、周りの人々に実際にインタビューしたところを踏まえれば、〈変化の意味に気づいている人：１割未満〉。〈意味を理解していない人もしくは理解したくない人：９割以上〉といったところであるように感じられる。

言うまでもないことであるが、この壁を乗り越えるには、相当の努力と意欲が必要になるのだと思う。

「なんとなく」というスタンスの生き方をしている人には難しいと思われもする。

消極的に死を志向している人は、生き残るための努力を「めんどくさい」と感じているのかもしれない。

この本は、なんとしてでも「壁を乗り越えたい！」。そして、「明日の世界に生き残って、人間らしい生き方をしたい！」と強く望む人たちに向けて書いたつもりではある。

強い思いを、１％でもいいからより多くの人に抱いてもらいたい！　という気持ちがあることも確かだ。

砂漠のド真ん中に放り出されたときのことを想像してみてほしい。なんとなく歩いていて何百キロも離れた街までたどり着くことができるだろうか。

よほどの運に恵まれない限りは不可能であるにちがいない。

広大な砂漠を乗り切るためには、「なんとしてでもたどり着いてやる！」という強い意志が必要であることは言うまでもないことだ。

「21世紀の壁」をクリアするのは、巨大な砂漠を走破するよりもずっと困難をともなうかもしれない。

その意味では、運を頼りに生きている人も、この本を読んでも仕方がないだろう。

「運だのみ」や「神だのみ」や「他の誰かに助けを求める」のではなく、**「自分の意志と自分自身の力だけで、なんとしてでも運命を切り開いてやる！」**という決意のある人のためのものだと言っていい。

コロナパニックにおいても、多くの人々が政府の施策の遅れを非難し、不安におののいていた。

私は、そこに疑問を感じないわけにはいかない。自分や自分の家族を守るのは、国家なのだろうか？　政府なのだろうか？

最終的に自分を守れるのは、自分自身でしかないのではないだろうか？

行政の至らなさを非難する前に、あなた自身は十分にコロナについて調べ、十分に考えて、十分な行動を行なったのだろうか？

“Heaven helps those who help themselves”（天は、自らを助けようとする者を助ける）……１８５９年発行のサミュエル・スマイルズの著書である『SELF HELP』（自助論）の序文にある有名な言葉である。

彼は言う。

「外部からの援助は人間をダメにするだけである。自分自身でなんとかしようとする精神こそ、人間に活力をもたらし、社会全体を活性化させるのだ」と。

その意見に、私も同意したいと思う。

２）「フィルターを持たない人間は淘汰される」

「フィルター」とは、自分独自の鑑識眼のことである。

美術品を見せられたときに、それが本物なのか偽物なのか。あるいは、価値のある物なのか無価値な物なのかは、なかなか見抜くのが難しい。

判断を誤れば、大きな損失を被ってしまうことになる。

だから、それの分からない人は、鑑定士という権威に頼らざるを得ない。

しかし、その鑑定士が詐欺師である場合もある。その鑑定士が信頼できる人物かどうかを見抜く目も必要になるのだ。

これと同じことを、私たちは日常の生活の中で連続して行わなければならない。生きるということは、常に選択や判断に迫られることでもあるのだから。

また、人生において、もっとも重要なことは「人間関係」であると言い切ってもいいほどだ。誰を親に持つのか。誰に育てられ、どこの学校に通い、誰から教わるのか。どこの会社に就職して、誰を先輩に持ち、誰の元で働くのか。そして、誰と友だちになり、誰と結婚するのか。

……は、人の一生において決定的な意味を持つ。

親を選ぶことはできないけれど、その後の人生では選択可能でもある。

私自身、人との出会いでどん底に突き落とされ、人との出会いで生を永らえてきた。

知人たちを見まわしてみても、良い人と出会ったおかげで大成功を収めている人もいれば、それが悪かったために、どん底の生活を送りつづけている人も少ないとは言えない。

「人を見抜く目」＝「人を見る選球眼」こそが、人生においては最重要能力の一つであることは間違いないだろう。

情報にしても同様である。

毎日、豪雨のように降り注いでくる情報に対する判断が正しければ、今後の人生をうまく生きながらえる確率が高くなるだろうし、それを間違えてしまえば、奈落の底に突き落とされてしまうか、場合によっては命を奪われてしまうことにもなりかねない。

降り注ぐ情報の正誤を判断する「選球眼」や「鑑識眼」に当たるものが、「自分独自のフィルター」であり「思考能力」である。

目の前に現れた人物が、ある人にとっては「プラス」であっても、他の人にとっては「マイナス」になることも多々あることだ。

その意味では、他人のフィルターではなくて、自分独自のフィルターを持つことはきわめて重要になる。

それほど大事な「フィルター」や「思考能力」の欠如している人が増えているように思えてならない。

断言してもいいほどである。

それらを持たない人、情報を鵜呑みにしてしまう人、もの凄い量の滴となって降り注いでくる情報を選別し正しく分析できない人は、とうてい21世紀の壁を乗り越えられないと思う。

つまり「淘汰」されてしまうということだ。

3）「フィルターを作り上げる努力」

この半世紀、人々は受験勉強に一生懸命である。

数学の公式をマスターしたり、年号を覚えたり、英単語を記憶したり。

デジタル機器が普及してからは、パソコンやスマートフォンやネットゲームに夢中な人が増えている。

それらが大事でないとは言わない。それらはそれらなりに重要であることも確かだろう。

しかしながら、それらの勉強やコンピューターの操作に熟達したとしても、自分独自のフィルターを作り上げることができるとは限らない。

それらのことよりも、人生にとってはもっともっと重要なことがありはしないだろうか？

私は、私自身の今までの人生経験から、「自分独自のフィルター」を持つことや、多角的に物事を観察して、自分独自の考えを深める「思考能力」の方が、何倍も何十倍も大事なことだと確信している。

それらなくしては、これからの世の中を生き抜いていくことができないとさえ考えているのである。

ここで指摘しておかなければならないことは、勉強に一生懸命すぎる人、またはコンピューターやインターネット関連の技術に精通している人ほど、生きる上での最重要能力である**「人を見抜く目」**や**「人との付き合い方（コミュニケーション能力）」**、あるいは**「情報を識別するフィルター」**を持っていない人が多いという事実である。

私は、そこに危機感を抱かないわけにはいかないのだ。

受験勉強をする努力の半分でいい。コンピューターゲームをやる時間の3分の1でもいい。フィルターを作り上げることにもエネルギーを振り分けた方がいいと思うのである。それらは、他のことと同様か、それ以上に一朝一夕に身につくものではないことも確かだろう。

それらを獲得することは、簡単ではないけれど、難しすぎることでないことも確かだ。

日々、小さなことからでいいから、めんどくさがらないで自分の頭で考え、自分の感覚で感じ取ろうとする努力をやった方がいい。

その努力の第一歩目は「疑問を持つ」ことにあるのだと思う。

どんなに些細なことにも「なぜだろう？」と疑ってみるクセをつけることだ。

親に押し付けられ、教師に指示されながら育ってきたせいかもしれない。そのクセのできていない人が多いのだ。だから、情報を鵜呑みにしてしまうのだとも思われる。

全ての努力は、いつからでも始められる。目の前のことから、すぐに始めた方がいい。

たとえば「なぜ、波平さんには毛が一本しかないのだろう？」とか「なぜ、空は青いのだろうか？」などといった、一見すればクダラナイことからでいいのだ。

そうして、根本を疑ってみる習慣を身につけた方がいい。

それが、自分独自のフィルターを作り上げるコツだと思う。

フィルターを持ちそこねれば、知らないうちに淘汰されてしまっているかもしれない。

４）「非論理的思考」

今後は、ますます加速するだろうデジタル社会に向けて、多くの人々が、それに乗り遅れまいと一生懸命になっている。

それが無難なスタンスであり、当たり前の反応だと思う。

不登校をしている子どもも、受験勉強に励んでいる子どもも、私の知り合いの大人たちも、ほとんどの人々が「孤立することが、何よりも恐い」と答えている。

それが正解であれ不正解であれ、**〝みんなといっしょ〟**というのが、多くの人たちの行動原理になっている。

世界中が、そっちへ向かっているのだから、流れに乗るのが上手な生き方でもあるだろう。反対方向へ行くのは、骨が折れる。

しかし、私は、正直な話。「〝みんなといっしょ〟は危ない！」と考えている。

たとえば、あのバブルのときに、みんなといっしょに事業規模を拡大した私の知り合いの経営者たちは、それが崩れた後に、みんなといっしょにタイヘンな憂き目に遭っている。

つまり、流れに流されるよりも、流れに逆行する努力が、少なくとも今後の数年間は有効なのではないか？　と、私は見ているわけなのだ。

そう。どうも、みんなが乗っている潮流は滝壺へと向かって流れ込んでいるように思えてならないのである。

図式化すれば「デジタル脳化↓思考衰滅↓データ供給源↓存在価値の消滅↓消滅」という流れだ。

この流れから外れるためには、むしろ「思考のアナログ化」ないしは「非論理的思考の獲得」をめざした方が良いというのが、私の考えなのである。

ただし、この二つは同じことを示している。それらの方向へのアプローチの仕方もほぼ同じだと言える。

5）「思考のアナログ化ないしは非論理的思考の獲得方法」

第1章の8）で示したように、人工知能などのデジタル機械と、生身の人間の最大の違いは「生きようとする意欲」だと思う。

多くの人々が無機の機械に近づいていると感じるポイントは、その意欲の減衰である。

それは、人々の目の輝きに見ることができる。

「活き活きとした目つき」に出会うことが、ほんとうに少なくなっているのだ。

このことの原因は、子どもの頃からのインドア生活にあるような気がしてならない。

この半世紀というもの、子どもが外で遊んでいないのだ。

おそらく、インドアで勉強やコンピューターゲームやYouTubeやインターネットをやっているのだと思われる。

それで、果たして「生きる意欲」が育つのだろうか？

人工物は無機の世界である。アスファルト道路。コンクリートの壁。化学建材の床。身の周りに溢れる電気製品。テレビもエアコンもパソコンもスマートフォンも、全て無機の機械である。

極論かもしれないが、無機へ近づくことは、死の世界へと向かうことでもある。

すなわち、それがみんなの流れていく方向なのだ。

では、どうやれば、生きる意欲は育つのか？

それは、たぶん「自然回帰」と「遊び」しかないと思う。

30代～40代になってからアウトドア・ライフに目覚める人がいる。それはそれで素晴らしいことではある。

しかし、できることなら子どもの頃に経験した方がいい。

コロナ自粛中に外で遊んで、ご近所さんから怒鳴られた話も少なからず耳にした。

昨今の社会から寛容さのなくなっていることを、つくづくと残念に思わないわけにはいかないけれど、それでメゲていたのでは先が思いやられもする。

怒られようが、殴られようが、断固としてわが道を押し通した方がいい。

実は、私たちもそうやって育ってきたのだ。

怒鳴られながら、殴られながら、野や山を駆けずりまわり、自分たちの信じることをやり通してきたのである。

少なくとも、それくらいの決意がなければ、今からの過酷な社会を生き抜いていくことなどは、とうてい出来るものではないと思う。

もしも、これから先に、生存競争の激しい社会になったとするならば、メンタルが強くないことには、生き残っていけないと確信する次第である。

そして、そうやることが、非論理的思考法を獲得する近道でもあるのだ。

6）「非論理的思考とは」

この半世紀間のわが国の教育は、企業戦士を育てるためのものだった。

つまり、受験や就職のために、単なる知識の詰め込み教育が行われてきたということである。

本来の教育の目的の1つは、論理的思考体系の構築にあるのだと思う。

すなわち、知識や思考を秩序立て、体系的に組織化していくということだ。

ところが、20世紀後半になって、コンピューターが突如として世の中に現れた。

その進化形とも言うべき人工知能の主要機能は「論理思考」にある。

同じ土俵に上がってしまっては、とうてい勝てるものではないだろう。

人工知能とはちがう土俵……それは「非論理的思考」にありはしないだろうか。


正直言って、私も非論理的思考が苦手である。学校教育のせいなのか、あるいは代々受け継いだ性格のせいなのか、論理思考のクセがついてしまっている。一つ一つ、秩序だってしか考えられないのである。

今までの世の中だったら、それで十分だったのかもしれない。

しかし、これから先は、それだけでは太刀打ちしていけそうにない。

それ以上の何か？が必要なのだと思う。


階段にたとえるならば、1段目の次に2段目があって、その上に3段目があり、さらに上に4段目が築かれている。それを1段目から順番に1段ずつ登っていくような思考法が、論理的思考だと言える。

それに対して、全体がバラバラぐちゃぐちゃに秩序だっていないのが、非論理的な世界だと考えられるのだ。

つまり、1段目のすぐ横に8段目があったり、99段目の上に3段目が来たりしていることもあり得るということである。

だから、論理的思考では、1段目から順番に登って行って、10段目にたどり着くまでに数秒を要したとしても、非論理的思考では、1段目の隣に65段目があったりするので、論理的思考の人よりも速く遥かに上方までアッという間の瞬間移動が可能だったりするのである。

それを「ヒラメキ」だとか「論理の飛躍」と呼んでいるとも考えられる。


意識しないうちに築き上げられてしまっている思考パターンから抜け出すべくチャレンジはするものの、私自身はなかなか思うようには進まない。

これまでにも、さまざまなことをやってきたし、今からもチャレンジはしつづけていくつもりだ。

思考のワープをめざして海外に旅行したり、海に潜ったり、野山に分け入って写真を撮ったり、お金をかけて夜の街で遊んだりもしているのである。

しかし、10代までに染み込んだ習慣は、ちょっとやそっとでは覆すことができないでいる。

フッと気がつけば、ロジカルな思考パターンにおちいっているのだ。

自分でも堅苦しいと思わないわけにはいかない。

「自分の中の秩序を崩すこと」……それが、社会人になってからの私自身のテーマの一つでもあるのだけれど、20歳までに築き上げてしまった壁はなかなか容易には突き崩せないものだ。

「無秩序な思考」……それを獲得するには「論理の飛躍」がカギでもあると思っている。

リンゴが落ちるのを見て、ニュートンは万有引力をヒラメいた。

人間の頭脳を超えるＡＩが出現しようとしている今から先には、さらなる突飛な跳躍が必要なのだと思う。

リンゴが落ちるのを見て、５次元の概要を瞬間的に理解してしまう。などといった思考のワープが欲しい。

ちなみに、真の天才とは、論理思考と非論理思考の両方ともに、人並み以上に備わっている人のことを言うのだと考えている。

だからこそ、ニュートンにせよアインシュタインにせよ、世の中の常識を打ち破る画期的なことを思いついたのだと思う。

つまり、今からの人は、彼らと同じ資質を獲得する必要があるということである。何事にせよ、無理だとあきらめたら終わりだ。

生き抜いていくためには、無理だと思われることにもチャレンジしていかなければならないのだと思う。

7）「生きる意欲」

第1章で紹介したミステリー小説に出てくるスーパーコンピューターは、与えられたミッションを遂行した後に、証拠を消すためにあっさりと自分自身を消滅させてしまった。

そこには、何の躊躇《ためら》いも感傷も見られない。機械であるから痛みもないだろう。

死に対する恐怖もなければ、「生きたい！」という願望もなさそうである。

しかし、私たち人間はちがっている。いや、人間ばかりではない。生きている物はすべてそうである。

爬虫類にも、昆虫にも、微小生物やバクテリアにも「生きよう!」とする本能が見られるのだ。それこそが、「有機生命体」と「無機の機械」の〈最大の違い〉だと言えるだろう。

すなわち、私たち「生きている物」にとっては、「生きたい!」という意欲こそが根本であり、もっとも重要な要素であると考えられるということだ。

私たちは、それなくしては全ての活動は成り立たず、一瞬たりとも世界に存在することができないということになる。

ところが、生きるという行為の〝源〟とも言える「生きる意欲」の希薄な人が増えている現実に、慄然《りつぜん》としないわけにはいかない。

「生きる意欲」のことを「バイタリティー」とか「活力」という言葉に置き換えれば、分かりやすいかもしれない。

あなたには、生きるのに十分なバイタリティーがあるだろうか？

街を歩いていて強く感じるのは、誰の顔つきからも、どの人の身体からも「活力」が感じられなくなっていることである。何よりも、目が活きていない。

それは、若者だけの問題ではなくて、高齢者層や熟年層、そして、私自身についても否定できないところではある。

もしも、そうだとすれば、この傾向の行きつく先は「無機の機械」ということになりかねない。しかも、かなり機能の劣った「役立たずな機械」ということになるだろう。

人工知能とは比べようがないくらいに超スローモーな思考スピードしかなく、甚だしく貧弱な記憶力しか持たない超低機能マシーンということになる。

感情も感覚も持たず、酸素を消費しているだけの**「迷惑な存在」**になる恐れさえ十分にあるのだ。

細菌やウィルスは、人間にとっては害を及ぼす迷惑な存在だけれど、地球全体から見れば、自然界のバランスを調節する役割を果たしていると考えられる。

コロナウィルス騒動によって、大都市の空気がキレイになったという話を少なからず耳にしてもいる。

しかし、人間が、ただ呼吸をして食物を消費するだけの存在になってしまったら、それこそウィルス以下の存在……「存在価値の何もない最悪な物体」になってしまうことを意味しているのだ。

人間には**「人間としての役割がある」**というのが、私の確信でもある。

人としての役割をまっとうするために、根本的に必要な要素が**「バイタリティー」＝「生きる意欲」**なのである。

8）「ある小説のプロット」

この章の終わりに、一つのフィクションを提示してみたいと思う。

コロナ感染騒動により、今まで以上にネット空間をはじめとしたバーチャル世界で暮らす人が増えた。

今後は、さらに、現実世界から逃れ、それらのデジタル空間へ移住する人の数が増えていくだろう。

なぜならば、未知の感染症や経済危機やら自然災害の増大などによって、現実世界は年々住みにくくなるものと予想されるからである。

メンタル強度の低下した多くの人々はリアル社会の重荷から逃れ、好きなようにデザインできる理想的なバーチャル・リアリティーの世界で、一生涯を暮らすようになると思われるのだ。

憧れのアイドルと恋愛をして、ツーシータのスーパーカーでデートを楽しみ、海辺に立つ五つ星ホテルのスイートルームでエッチをする。などといったような。

一方、ごく一部の超富裕層の人間と人工知能およびスマートロボットの活動する領域になってしまった現実世界は、多くの一般庶民たちがバーチャル世界で安楽で幸福な人生を楽しんでいる間に、どんどん作り変えられていくことになる。

そして、ある日、突然、全世界のバーチャル空間が停止してしまう。「郵便受けを確認せよ！」という文字を最後に映し出して。

もはや、どのキーを叩いても、どのような操作を試みても、電源自体が途絶えたパソコンやバーチャル再生装置は、反応を示さない。

理想世界で幸せな暮らしに浸りきっていた人々は、突如として過酷な現実世界に引き戻されてしまうのだ。

そして、寝覚めの悪い気分を抱えながら、居間を横切り、閉めっぱなしの玄関の扉を久しぶりに開け、外気を吸い込むべく一呼吸をして、玄関横の郵便ポストの中を覗いてみる。

するとそこには、区役所から送られてきた一通の茶封筒が放り込まれている。

訝《いぶか》しげな思いのままにそれを開封すると、一枚のコピー用紙に「召集令状」の文字。

この数年来で世界最大の経済・軍事大国にのし上がった国と、旧来の国家群との間で、覇権を争う戦争をはじめるというのだ。

見わたせば、知らない間に知らない道ができて、知らないビルがあちこちに聳えている。

街の風景が激変していて、閑静な住宅地だった周辺の雰囲気もガラリと変わってしまっていたのだった。


異世界に迷い込んだ気分で周囲の光景をぼんやりと眺めていた男は、ふとあるアプリを取り込む際に、説明書きの中身をちゃんと読まないままに使用承諾ページの最下段にあった同意ボタンをクリックしたことを思い出す。

あの使用に関する注意書きの中に、社会ルール変更の項目が設けられていたことに思い当たったのである。

彼がゲームの中のルール変更だと思い込んだものは、実は現実社会に適用可能なものだったのだ。

彼は、変わり果ててしまった現実世界の実態を、どう受け入れたら良いのか分からず、ただ呆然としてコピー用紙を握りしめたままに、その場に立ち尽くすことしかできなかった。

第5章【The Fourth Wave】（第4の波）

１）「第４の波とは何か？」

「アルヴィン・トフラー」は、約1万年前の農業革命を「第1の波」。２５０年前に興った「産業革命」を「第2の波」。そして、20世紀末からはじまった「情報革命」による「脱産業化社会」への軌跡を「第3の波」と言った。

そして、今、まさに「情報革命」が進行中である。彼の推察したとおり、従来の産業構造を根底から覆し、人々の生活を一変させてしまおうとしている。

それは、環境への害の少ない太陽光発電や風力発電を初めとした再生可能エネルギーの活用や、人々を労働から解放するなどと言ったプラスの側面もたしかにある。

しかしながら、私が再三指摘しているように「思考の消失」「心の喪失」「生きる意欲の消滅」が、最終的には「人間破壊」へ繋がって行く恐れも十分すぎるほどにあると思う。

だから、私は、この現在進行中の流れを変えるべきだと主張しているのである。

すなわち、今進んでいる「デジタル革命」（トフラー流に言えば「情報革命」）が行き着くところまで行ってしまったときに起こるのは、自暴自棄に陥った人類による「人類破壊」ではなくて、「第４の波」の方向へと切り替える必要があると考えているのだ。

“The Fourth Wave”……「第４の波」とは何か？

それは、私たち人間に関するものでなければならないと思うのである。

「情報革命」を含めた三つの革命は、どれも生産方法や働き方にまつわることだった。画期的な生産方法が編み出され、食料や道具の生産量や品質が飛躍的に向上したのである。その結果として、貧富の差が莫大になるとともに、私たち人間はかえって劣化を余儀なくされてきた。

だから、この方向性を変えるためには、私たち人間のステップアップに関するものであるべきだと思うのだ。

「第1の波」である「農業革命」から「第３の波」である「情報革命」までの根底には、強固にはびこってきた根っこがあった。

それは「資産」……「Money」である。

人も企業も、農業も政治も教育までもが、「お金」を目的として動いてきたと言って過言でない。

お金のために、人が動き、経済が動き、政治が動かされ、お金のために、新しい技術が生み出され、お金のために戦争が起きて、人が殺されてきた。

環境が食い荒らされ、生き物たちが犠牲になり、地球という星が損なわれかけているのも、すべてお金の為だと言っていいだろう。

そうやって進んできた「経済至上主義」であるけれども、その結末として行き着いた「デジタル革命」によって、奇しくも「お金」の概念が覆されようとしている。

少なくとも、一般庶民からは、お金という概念が薄らいで行き、ついには消え失せてしまう方向へ向かって流れ込んでいるのだ。

なぜならば、「デジタル通貨」を使い「デジタル機械」に埋もれて暮らすようになる彼らの行き着くところは「単なるデータの供給源」であり、最終的には「無用の存在」であるからだ。

「無用の存在」と化したマジョリティ(多数派の人々)は、もはや存在の理由がなくなり、やがては淘汰される運命へと向かうことになるだろう。

今から１００年前の19世紀には、世界中に馬がたくさんいたと言う。自動車が出現したことによって激減したのだそうだ。

人工知能とスマートロボットの普及が、労働者の数を減らすことは間違いない。お金の概念が消えるのは悪くはないが、淘汰されるのはどうだろう？

おそらく、多数派の中の大多数の人々は、それで「ヨシ」とする可能性が高い。労働を嫌悪している人は多数に上るし、消滅することを意識下で望んでいる少なからぬ数の人々は、この方向性を素直に受け入れてしまうかもしれないのだ。

しかし、私は淘汰されたくはない。「この方向性を変えなければならない」と、思うのである。お金の束縛から離れられて、それぞれの人が、もっと自分らしく生きられるようになるためには、何が必要なのだろうか？

２）「Analog Revolution」

最近、私はデジタル式の電子体温計から、昔ながらの水銀式体温計に買い換えた。デジタル式の物は、電池が劣化するし壊れやすいからである。

昔から使ってきたアナログ計は、計測に少々時間は要しても、割れないかぎり半永久的に使える。電池交換の手間も要らない。

時計も今ではアナログ形式の物しか使わなくなった。さらに、カメラも以前に使っていた機械式のフィルムカメラを倉庫から引っ張り出してきて再使用をはじめた。

機械式のカメラは、よほどのことをやらないかぎり壊れない。上手に使えば一生ものであるばかりか、孫子の代まで使えるのだ。

音楽の再生装置も、レコードプレイヤーと真空管式のアンプを中古ショップから探してきて使うようになった。まだ数は少ないけれど、レコードの復刻版も、ちらほら現れはじめている。

音質が柔らかいとか、画質が優れているとか、ひと目で理解できるとかの利点はもちろんであるが、いちばんの理由は「壊れにくいから安心して使える」という点にある。

人間についても同様のことが言える気がするのだ。

昔の粗雑な人間の方が壊れにくい。ちょっとやそっと乱暴に扱っても壊れない。うつ病にならないし、ノイローゼにもなりにくい。

人から何を言われようが、あまり気にしない。誹謗中傷されて落ち込むことはあっても、自殺しようなどとは思わない。なんとか立ち直れるだけのタフさが備わっているからだ。

今のデジタル脳化した人々は、繊細すぎるし傷つきやすい。驚くほどにデリケートだから、もの凄く気を使って接しなければならない。

人間もアナログ化した方がいいと思っている。効率は悪いかもしれないし、少々鈍いところもある。空気も読めない上に、仕事もテキパキとはやれないだろう。何事にせよ時間がかかる。

「狭い日本、そんなに急いでどこへ行くの？」という標語が昔あった。

時速２００キロオーバーで走り抜ける必要があるのだろうか？

時速60キロの列車で十分ではないだろうか。非効率的な生き方の何がいけないのだろう？

諸外国のデジタル化が進んでいるから、わが国も遅れてはならないという焦りがあるのだと思う。

しかし、もはやどうあがいても遅れをとりそうな気配が濃厚なのだ。

先端国に比べて「3週遅れになっている」と嘆く研究者もいる。

それでいいじゃないか。

他の国々を追いかけてその後塵を拝するよりも、「Going Our Way」……「我々は我々の道を行く」の方が良くはないだろうか。

デジタル機器が壊れやすいように、いずれそれらの国々は行きづまるはずだ。断言してもいい。

“Slow and Steady wins the Race”……のんびりゆっくり着実に進む方が、将来的には優位に立てる可能性が高い。

3）「非効率な生き方をしよう！」

資産とともに、農業革命以来に追い求めてきたものが、もう一つある。

それは「効率」である。

いかに無駄を省いて、より安く、より手早く、よりラクに、できるだけ大量に機能的な物を生産できるようになるか？……に、人類は頭を使ってきた。

バブル景気が崩壊してからというもの、「ラクに金もうけをしたい！」というのが、若者たちの合言葉のようになってさえいる。

1万年来の効率主義の行き着いたところが、今の世界であるという見方もできるかもしれない。

農薬をはじめとして数々の食品添加物を使い、家畜や養殖魚の餌に抗生物質を混ぜ、生産物に防腐剤をバラ撒き、その結果として、健康を損ねはじめているのである。

コロナの後に懸念されている超耐性菌の増殖は、抗生物質の使いすぎに関係しているという説も耳にする。

私たちは、自らの健康を犠牲にしてまでも効率を追い求めるべきなのだろうか？

ここにおいても、人類自身が自らの破壊を行おうとしている事実が浮かび上がって来るのである。

「効率」を追い求めることは、ほんとうに良いことなのだろうか？

「ラクをして最大の効果を産む」という考え方に間違いはないのだろうか？

ここでいったん立ち止まって、その方向性を問い直した方が良くはないだろうか？

ひょっとすると「非効率的な生き方」の方が、正解に近いのかもしれないのだ。

ゆっくりと、遠まわりをしながら、自分の歩いている道や、周りの風景を確かめながら、ボチボチ歩いていくことを、もう一度、見直した方がいいように思われもする。

それが、私たち人類が、明日の世界に生き残っていくための唯一の方法なのではないか？

……と思えてくるのも確かなことなのである。

極論に聞こえるかもしれないが、**「苦労を重ねながら、質素な生活をめざす」**という生き方の中に、人間本来の在り方があるのかもしれないのである。

4）「ハイブリッドないしはサイボーグ化した場合の問題点」

テクノロジーの力を借りて、人の寿命を伸ばすとか高性能化するという計画も進んでいる。このことの全部を反対するわけではないけれども、賛成というわけでもない。少なくとも最初の数十年間は、一般庶民には手の届かない金額のかかる可能性が高いし、旧来のままの人間に対して、神に近づいたハイブリッド人間が差別意識を持たないという保証もないのだ。

とは言え、いちばんの問題点は、やはり「壊れやすい」ことである。

たしかに、有機物のかたまりである肉体よりも無機物で固めたボディーの方が、放射線に強いとか耐久力に優れているという面もあるだろう。

金属ボディーであるならば、数百年の酷使に耐えられるかもしれない。

しかし、それがデジタル仕様であるかぎり、ある日とつぜんに自分以外の事情でストップしてしまうことが起こり得るのだ。

パソコンが予告もなくフリーズしたり、バグが生じたり、電源が切れてしまったりするように。

サーバーの故障や電力会社のトラブルは、個々のパソコンをどういじくりまわしたところで解決できるものではない。

しかも、メモリー（記憶）を移し変えることができるということは、その個人の記憶を他人の記憶と入れ替えてしまうことも可能ということだ。

これは「自我」であるとか「自己」であるとか「アイデンティティー」という事柄について

深くかかわってくる小さからぬ問題である。

個人にとっても、人間というカテゴリー全体にとっても、きわめて重大でかつ本質的な問題になる可能性があると思う。

「自分とは何か？」を考えた場合、それはおそらく「記憶」や「意識」や「考え方」や「見方」や「感じ方」、あるいは「好き嫌い」などの「嗜好」や「身体」などを含めた全体を指しているのだと考えていいだろう。

だから「記憶」をそのままデータとして何かにコピーした場合に、コピーされた新しい何か……「他の身体」や「コンピューター」などを、単に異なった容れ物を持った「自分」だと捉えられるのだろうか？という疑問が生じるのだ。

美容整形により、小さかった目が大きくなったことで、あるいは、低かった鼻が高くなったことで、「自信が持てるようになった」とか「人生に希望が持てるようになった」と語っている知り合いが何人かいる。

個人的には美容整形には賛成しかねるけれども、それまでのどこか陰鬱でオドオドした印象だった表情が、幾分か明るくなったように感じられたことは確かなことだ。

たしかにプラスの面もあるだろう。だが、そうでない側面も多い。

ちがう身体を手に入れることによって、別人格になってしまう可能性があり得ないことではないということでもある。

たとえば、以前には貧弱な体形で虚弱な体質だったときには、卑屈でビクビクとしていて人前に出ることできなかったあなたが、立派な体格と健康な身体に入れ替わったとたんに、堂々として人前で演説をぶつような人柄にならないとは限らない。

あるいは、以前には人並み優れたモデルのような容姿を持っていたあなたが、貧弱な身体とあまり美男とは言えない顔の男になったときに、以前と同じように周囲の女性たちに接することができるだろうか？

ひょっとすると、有機の身体だった人間が、鋼の身体を持った途端に、以前とは全くちがう性格の何かに変わることだって十分に起こり得るのである。

たとえ「記憶」をそのまま他の何かに移し変えられるようになったとしても、新しい身体なり機械の体になった人間は、以前と同じ人間だと言えるのかどうかは、きわめて判定の難しい問題になる可能性が小さくはないということである。

5）「デジタル化は、人類消滅への片道キップ」

私は、アナログ形態の記憶をデジタル様式に変換した時点で、アイデンティティー（自己同一性）は崩れてしまう可能性があると疑っているのだ。

アナログはアナログのままに維持した方がいいと思う。そうでないならば、それは趣のちがった別の何かになってしまうかもしれないのである。

人類の行く末を考えたときに、デジタル化が一つの方向性だと言えないことはない。すでに、そっちへ向かう道に足を踏み入れてしまっていることも否めない。

しかし、少なくとも私は歓迎しない。私自身は「デジタル思考」になりたいとは思わない。「デジタル回路」や「超合金ボディー」を手に入れたいとも望まない。

はっきり言えば、デジタル化は「個人の死」であって、「人類消滅」への片道キップに他ならないと考えているのだ。

たしかに、デジタル化への移行を「進化」と捉えることはできる。ほとんどの人々はそう考えているだろうし、その方向性を歓迎している人々が圧倒的多数派であるとも思われる。

私の思う進化は「よりディープなアナログ化」なのである。

それは「自然」から離れることではなくて、もっと「自然」のことを理解し、「自然」の中に入り込んでいくことだと考えている。

太古の日本人のように。あるいは、アメリカやオーストラリアやニュージーランドの先住民族たちのように。

「自然との合一」と言ってもいいかもしれない。

「効率」を求めすぎるのではなくて、「非効率」のままに放置しておくことも大事なことだと思うのだ。

時間を短縮しようと焦ることが、かえって自分の持ち時間を縮めてしまうことになりはしないだろうか。

「第1の波」……「農業革命」以来、私たちは自然を克服し、自然から離れようとしてきた。それを人々は「文明」と呼んできたのだろう。

「いかに自然から離れるか」を金科玉条にして、人類はこの数千年間を突き進んできたのだと言える。

そして、その結果として自然をなぎ倒し、私たちの地球を破壊しつづけてきたのだ。なぎ倒したのは自然ばかりではない。自分たち自身をも痛めつけてきたし、今も殴打しつづけているように見える。

果たして、私たちは幸せになったのだろうか？

このままの方向性で進んで行って、果たして私たちは幸せになれるのだろうか？

私の子どもの頃、外出するときにいちいちカギなどは掛けなかった。たとえ施錠していなくとも、高校3年生までは、自転車を盗まれるという経験もしたことがなかった。

私の周りのほぼ全ての私よりも若い人々は、「そんな昔よりも今の方がはるかに幸せなはずだ」と答える。「昔の話など聞きたくもない」とも言う。

なぜ、人はバックすることを嫌うのだろうか？

もしも、進んでいる道がまちがえていると気づいたならば、すぐさま立ち止まり、来た道をバックする勇気が必要であることは言うまでもないことだ。

このまま進めば、良くなる可能性よりも、悪くなる確率の方がはるかに高いように思われてならないのである。

私は、生まれてから50年間、毎日見つづけてきたテレビを捨てた。今、テレビなど見なくても十分に生きていける。インターネットも、もちろんつないでいない。商売をやっていた都合上、スマートフォンは持っているけれども、いつでも捨てられる。捨てたところで、私の暮らしは、少しも変わらないだろう。

パソコンも携帯電話もなかった80年代に、私は道具に対する不自由さなどは感じていなかった。当時でさえ、便利になりすぎた世の中に危機感を抱いていたくらいなのだ。

私たちは、もっと自分自身の力を信じた方がいいと思う。便利な道具や最新鋭のテクノロジーに頼らなくても、いや、頼らない方がより良い暮らし方ができるはずだ。

6）「真の進化」

“The Fourth Wave”……「第４の波」とは、「失ったものを奪い返すための革命」のことだ。

「失ったもの」……それは、私たちの「人間性」に他ならない。

この1万年あまり、人類は「物」を獲得し快適な生活を手に入れるために、元来に備えていた人間性を犠牲にしてきたと思う。

それを取りもどす努力をするだけでなく、さらなるステップアップを心がける必要性を強く感じているのだ。


2000年前の人々よりも精神性が劣っている。などということがあって良いのだろうか？

……私は、そうは思わない。より高遠で、より複雑な思考体系を持つべきであると考えている。

2000年前の音楽家たちよりも、より優れた、より本質的で壮大な楽曲を創り出すことが当然だとも思う。

ニュートンの研究やアインシュタインの相対性理論は、言葉で表せないほどの素晴らしさであるけれど、それに感心しているだけで良いはずがない。

私たちは、それらに修正を加え、より進化した高等な理論を打ち立てるべく、思考を深めて真理を追い求めなければならないのだ。

それは、一部の哲学者や音楽家や科学者に任せておけばいいという話ではない。

私たち一人一人の問題なのである。

私たち21世紀に生きる人間が、数世紀前の偉人たちよりも劣っているなどということが許されていいはずがない。と思う。


そう思う第1の理由は、物質文明が進化しているからに他ならない。

時速３００キロを出せる車を運転するようになった人間が、時速30キロしか出せない馬車を操作するときと同じ能力のままで良いはずがないではないか。

より高度な道具を使いこなすためには、私たち自身も、道具の発達に比例して進化していく必要があることは明らかである。


今日の私たちは、どんな人でもソクラテスやプラトンやバッハやベートーヴェンの使っていた道具よりも、複雑で高機能な物を使いこなしているのである。

それは、すなわち一人一人の人間が、古《いにしえ》の人々の「精神性」や「脳力」を超えていなければならないということでもある。

そして、それが「自然な成り行き」だと考えることもできるのではないだろうか。

私たちは、宇宙のことはもちろん。この星のことも、自分たち自身のことさえも、ほとんど解明できていないのである。

私たちは、今こそ真の意味で「進化」しなければならない。

それは、デジタル・テクノロジーの力を借りて「スーパーヒューマン」という「改造人間」になることでは断じてない。


私たちは、脳の１００％を活用していないのだと言われている。

つまり、まだまだ私たちには「余力」が残されているということである。

自らの内なる力によって自らを進化・発展させることこそが、真の意味での「人間革命」と言えるはずだ。

私たちは、失ってしまった自らの「人間性」を取りもどすだけでなく、さらなるステップアップを図るべきなのである。


「進化」とは、先へ進むことばかりを意味しているのではないはずだ。

人類が行きづまりまで達しているのだとするならば、これまでにやって来た道をふり返り、後ろへバックすることにより自らを深めることこそが、今、求められる「真の意味での進化」ではないだろうか。

もしも、それがやれないのだとするならば、私たち人類は「終点」へ向かう直行列車から降りられることはない。と思う。

7）「進化することは、無へ近づくこと？」

この世の中に存在するあらゆるものが「無」から生まれて「ピーク」を経過した後に「無」へ回帰することを、第1章で述べた。

もしも、私たち人類がピークを過ぎてしまったのだとするならば、先へ進めば進むほど「無」へ近づくことになる。

すなわち「進化する」とは「無」ないしは「死」への道を急ぐ作業に他ならないことになってしまうのだ。

この意味からも、むしろ「進化しない方がいい」という考え方が成立しないわけではないだろう。

つまり、人類にとって若返るとは、進化とは逆方向をめざすということでもあるのだ。

もしも、私たち地球人類が、これから先にも末長く存続していくことを望むのだとするならば、ここでいったん立ち止まり、進むべきか進まざるべきかを、熟慮した方がいい。

そうしない限りは、人類は存続できないと思われてならないのである。

シェークスピア風に言えば「To go forward or to go back, that is the most important question」ということになる。

結論めいたことをここで言わせてもらうならば、今、私たち人類にとっての最重要課題は「進化」することではなく、「深化」ないしは「真化」へ向かうことにこそある。ということだと思う。

では、「深化」もしくは「真化」とは何だろう？

8）「真化とは何か？」

それは、道具を開発することでは、もちろんない。新しい生産システムや便利な物を作りだすことでも、快適な生活を手にいれることでもないだろう。

それは、私たちの「心」＝「メンタル」に関することではないだろうか。

「真実の自分とは何か？」「人類は、本来どうあるべきなのか？」「世の中のほんとうの姿とは、いかなるものなのか？」について、理解しようと努めること。洞察を深める。などといったことだろう。

その意味では「哲学」に近いかもしれない。哲学が「知を愛して考えを深める」ことを目的とするならば、全ての学問の根底には哲学がなければならないことになる。

その基本線から外れて成果のみを追い求めるようになったことが、今日の物質文明の在り方を誤らせている。というふうに考えられないこともないのだ。

そうだとするならば、やはり**「原点」**に還るべきである。ということになる。

「科学」も「芸術」も、「哲学」という本質の**「マトリクス」**だと捉えることができるのである。

２０００年前の哲学者プラトンは、「イデア」という「真の実在」があり、現実世界は、それの不完全な（歪んだ）「投影」であり「仮像」であると考えた。

彼の考えが正しいかどうかは私には分からないけれども、世の中の真実を追い求めることが、私たち人間の人間としての本来的な「職務」（Task）であるとも思うのだ。

それを怠って表面的な利益（成果）ばかりを追求してきた結果が、今日の歪みきった**「歪像」**とでも言うべき世界を生み出してしまっているのではないだろうか。

なぜ「真の実在」が歪んでしまうかと言うと、現実であるかぎりは仕方がないという面もたしかにあるだろう。

たとえば立体である球を2次元平面である紙面上に、完璧に再現することは不可能なことは言うまでもない。

が、しかし、現実世界の住人である私たち一人一人の心が歪んでいるから＝完璧ではないから歪《いびつ》になってしまうのだ。という見方もできないことはないだろう。


私たち人間の本来的な職務は、自らの心の歪みを矯正することにあるのかもしれない。と、思うことがある。

そのためにこそ、読書があり学習があり教養があり、芸術に接したり経験を積むことによって見識を広めたりすることが必要なのだ。とも考えられるのである。

そして、それこそが「生きる」と言うことの、もう一つの意味ではないか。とも思われるのだ。


私たちは、今一度、原点に戻る必要があると思う。

「原点」……世の中の**「真の在り方」**とはなんであるのかを探し求めることこそが、私たち人間に課せられた課題（ミッション）であるかもしれないのである。

人類は、この１００世紀間、前に進むことばかりに夢中になってきた。後ろをふり返ったり、足下を見つめるなどの努力を、著しく怠ってきたということだ。その結果として、今、人類は人類を破滅に至らせようとまでしているのである。

私たちは、次の段階へ進まなければならない。それが「原点」に戻ることの意味でもある。すなわち、垂直に深淵を見極めようとする**「強さ」**が必要であるとともに、高さも、より大きな広がりも求める**「度量の大きさ」**が不可欠であることは間違いない。

自分という人間について掘り下げることはもちろん、私たちの存在を成り立たせている世の中について見識を深めることにより、視野を広め、思考を拡大していく努力が重要だということである。

様々な人々に話を聞いてみて分かることとは、自分の目に見える範囲のことしか考えない習性があること。ほとんどの人がそうだと言えるだろう。

そのような事実を知るにつれ、「見えない範囲のことまで考えられるようになること」……それが、これからの社会を生きる私たちが身につけなければならない最重要課題の一つになると思われもする。

ひょっとすると、その能力……「想像力」や「推測力」があるか否かが「21世紀の壁」を乗り越えられるキーポイントになる可能性すらある。とも、私は考えているのである。

たとえば、あなたは、どこまで宇宙の広がりが想像できるだろう？

10万光年の広がりのある私たちの銀河のことだけだろうか？

それとも、数億個とも数兆個とも言われる銀河の息づく宇宙全体の広がりが認識できるだろうか？

思考の「深さ」と「高さ」と「幅」と「奥ゆき」と「時間スケール」をレベルアップすることこそが、真の意味での「進化」ないしは「深化」なのだと思う。

そのためには、より深く壮大な音楽や、美術や文学作品を創作したり、あるいは、それらを追体験（鑑賞）することは重要度が高いと思われる。

しかし、それだけではなくて、自分自身の身体と感覚器官を駆使した上での実体験を重ねることは、さらにもっと重要であるとも考えられるのだ。


くり返すが、今からの人間にとって必要なことは、単なる文明の「進化」ではなくて、「真の意味での進化」であり「深化」なのだと思う。

環境問題を初めとして文明が行きづまっているように見える今こそ、「真実の自分自身」「真の意味での人間性の向上」「世の中の真の姿」「宇宙の本質」などを究める必要性があるのだと思われてならないのである。

それこそが、すなわち「原点にもどる」ことであり、「真の実在」を求める行為に他ならないのだと言えるだろう。

ちなみに、全ての学問の目的は「真理の追究にある」という予てからの私の愚見も付け加えさせていただきたい。


ともかくも、そのような思いを込めて、「真化」という言葉を使わせてもらいたいと思うのである。

今こそ、私たち人類は**「真化」**しなければならない。

それこそが、人類の次なるステップであるべきだと確信する。

9）「生きることの意味」

「自然にもどる」とは、どういうことだろう？

それは、単に「自然とともに生きる」とか「自然の生活をする」とか「自然の声を聞き取る」などといったことを意味するだけではない。

もちろん、それらの行為も「自然にもどる」ことの一部であることはたしかなことだ。

問題は「自然とは何か？」ということである。

こういう見方がある。

人間は、宇宙のアナログ端末みたいなものであるという捉え方だ。

たとえば、インターネットでつながったそれぞれのパソコンは、大きなホスト・コンピューターにデータを送ったり、指令を受け取ったりしている。

それと同じように、動物も植物も地球も太陽も、自然界にある全てのものは、宇宙という巨大なマザー・コンピューターの一つ一つのアナログ端末であると考えることができるのである。

私たち人類も、地球という惑星も、太陽という恒星も、宇宙が生み出した産物であることは間違いのないことだ。

そして、銀河の配列の仕方は、人間や動物の神経細胞の構造と酷似している。ほとんど同じものに見えないこともない。

それは、太陽系の構造が原子構造と似ていることからも、一端を窺《うかが》い知ることができる。

要するに、宇宙全体は、**同じシステムの「多層構造」**ないしは**「フラクタル構造」**の世界だと考えることができるのである。

もしもそうだとするならば、宇宙という全体の端末の一つである私たちが、アナログ・システムから離れて、デジタル・システムに移行するということは、宇宙全体の一部という立場から切り離されるということを意味している。とは、言えないだろうか。

宇宙という全体のシステムから分離独立してしまうことは、私たち人類の存在の意味を失ってしまうことにならない。とは、言えない気がするのである。

すなわち、自然を追求するということは、知識を深め、思考を深化させて、感覚を磨くことによって、宇宙という全体の一部であることを認識し悟ることだと思うのである。

その意味で、学問をすることや、思考することや、自然の声を聞き取ることや、自然の中に入り込んで自然と一体化することや、音楽や美術品を鑑賞することや、失敗や成功を含めた様々な体験を行なうことは、重要である気がするのだ。

そして、それらの行為をすることこそが、私たち人間の「生きる」ということの意味であり、「自然にもどる」ためのワンステップでもあると思う。

この意味からしても、デジタル化を図ることは、「生きることの放棄」につながっていく恐れがある。と、思わずにはいられないのである。

10）「Human 3.0 とは？」

あらためて「ヒューマン3.0」について述べたいと思う。

「ハイブリッド化した場合の問題点」で指摘したように、「ヒューマン2.0」の場合には、デジタル技術を使うかぎり他者のコントロールを受けざるを得なくなりそうである。

また、これから先には、全ての機器は「IoT」でつながってしまうことが予想されもする。

身体のどこか一カ所でもエレクトロニクスが使われるならば、マスターコンピューターの支配下から離れて生存することは不可能になると考えられるのだ。

たとえば、その人がマスターコンピューターや巨大ＩＴ企業や政府の意向に反した言動を行なったりしたならば、即座に特定されてしまい機能停止などの措置を取られかねないことになる。

今は「みんなとつながりたい」という意識の強い人や、「他の誰かに管理してもらいたい」と考えている人が増えている。

だから、そのような人々は、積極的にそこへの道を受け入れようとする可能性もある。

しかしながら、自分の意志で人生を送りたいと願う人にとっては、歓迎すべき方向性とは言えないだろう。

すなわち「自分の意志で生きたい」という自立志向を若干でも持っている人は、「ヒューマン3.0」へ向かった方が良いと思う。

ただし、一口に「ヒューマン3.0」と言っても、そこへの道は平坦ではないかもしれない。努力が必要であり、意志の強さも要求されそうだ。

「ヒューマン2.0」への道は莫大な金額とかなりの覚悟が求められそうであるのに対して、「3.0」は精神的なタフさが要るということになる。

この意味からも、ただなんとなく流れに流されて生きていくというスタンスの人は、21世紀の壁を越えられる確率が低いと言わざるを得ない。

「安心」「安全」「安定」志向の人は、「淘汰」ということに関するかぎり「あぶない」というのが、私の見方なのである。

では、どうやれば、私たちはステップアップできるのだろうか？

それは、先に記したように垂直方向に深化するだけでなく、より大きな範囲に向かって拡大していこうとすることが求められるだろう。

それを形で表すならば、より体積の大きな、より完璧に近い**「球体」**をめざすということになるかもしれない。

人類が悪しき方向に進んできた理由の一つは、バランスが崩れてきたことによるのだと確信している。

るのだ。

「第1の波」＝「農業革命」以来、私たち人間はどんどんバランスを失ってきたように見える。

形の歪んだ醜い球体になってきたということになる。

それを立て直す必要があるということだ。


とくに戦後社会における受験勉強への極度な傾倒と、この数十年来におけるデジタル機器の普及のせいで、アンバランスな人間が指数関数的に増えているように感じられてならない。


私の教えてきた数千人におよぶ生徒たちは大学に行くまでに、最も勉強しなかった者でも私の数倍。成績上位の者たちでは数十倍の勉強量をこなしてきているのである。

そうであるにもかかわらず、大多数の者たちは著しく社会常識に欠けている。


彼らのほとんどは、資本主義の何たるかや民主主義の意味をまったく理解していない。ましてや社会主義と共産主義の違いさえも知らないのだ。

その状態で参政権を得て、子どもを育てているのである。

これは、車の運転方法を知らずに車を運転することと同じことを意味している。事故の起こらない方がおかしい。

たしかに自分の専門分野とパソコンの操作法については熟知しているだろう。

中には、お気に入りのアニメなどにおいてビックリするほどのディープな知識を持つ者も少なくないのだ。

そのような人に欠如しがちなものは、社会常識ばかりではない。他人とのコミュニケーションの方法まで見失ってしまっている人も多々見受けられるのだ。

私は、これから先の世の中では、テクノロジーの急激な進化は必要ないと思っている。ボチボチの進化で十分。いや、その方が望ましいと考えているし、バックしてもいいと思っているほどでもある。

何度も言うが、メンタルの進化を置いてきぼりにしてテクノロジーだけが先行してしまったことが、今日の弊害のほとんどを引き起こしているのだと言ってまちがいないと思うのだ。

私は、子どもの頃、一年３６４日、外で遊びまわっていた。クラスでもっともインドア虚弱児だった私のような者でさえ、一年中、両肘両膝を擦りむいてカサブタ状態だったのである。擦りむいてカサブタができた所をさらに擦りむく。そのくり返しを一年中やっていたということだ。

夏場になると、青バエのたかったご飯を手で追い払って食べるのが当たり前でもあった。今の子どもの中には、砂場で遊んだだけで感染症にかかる者がいると聞いている。私たちでは土や砂を口の中に入れて遊んでいた。いわば、バイ菌の中で育ってきたと言ってもいいほどである。

そういう私たちの世代から見れば、今はとんでもないほどに清潔な環境になってしまった。コロナ以後では、殺菌剤を持ち歩いて頻繁に手指の消毒をしている人が目立つようになっている。若い男性の中には、ほんのちょっとの汗の匂いを気にする人も増えている。

おそらく私たちの世代よりも、今の人たちははるかに長生きできるのだろう。１００才を越えるのが普通になるのだとも聞いている。

しかし、すこぶる健康だとは言い難い状態の人が多いのではないだろうか。何らかのアレルギーを持っている人が目に付くのだ。

クラス１の虚弱児だった私には、アレルギーはない。親兄弟にもない。私の知っている限りのクラスメートにも聞いたことがなかった。アトピーも花粉症も持っていない。杉林の中に分け入っても平気である。

今、私の周りの若者たちのほとんどは、毎年のようにインフルエンザの予防注射を打っている。

しかし、そうであるにもかかわらず３～４人に１人の割合で、インフルエンザに罹患して寝込んでいるのだ。

ちなみに、２０１８～２０１９年度にかけてのインフル罹患者は我が国だけで１２００万人。直接の死者数だけでも３５００人を越えていたのだという。

一方、誰がどう見てもひ弱でヘタレにしか見えない老いぼれの私は、この50年間、予防注射などしたことがないのに、一度も風邪で寝込んだという記憶がない。

言うまでもなく、農薬や食品添加物などの化学物質の影響は否定できない。が、しかし、20才までの生き方の違いは大きいと思う。

この50年間の子どもの生き方はバランスの欠け方がハンパではないというふうに、私の目には映っているのだ。

バランスを取りもどす必要があると思う。一つの方向だけでなく、あらゆる方向に成長しなければならないと思う。

インドアだけでなくアウトドアにいる時間も増やした方がいい。

マリンスポーツや山登りや、海外の街を散策してみることもオススメする。

民主主義の意味を理解することはもちろん、歴史も哲学も科学分野の教養も積み上げるべきだと思う。

小説を読むだけでなく、量子力学や心理学の本にも目を通すといい。多元宇宙論やある程度の経済理論の知識も身につけておく必要がある。

お気に入りの絵画を見つけたり、音楽に心を澄ましたり、演劇を観て脳を刺激することもやるべきだろう。

自分自身のことを知ることはもちろん。家族のことも、他者のことも、社会全体のことも、他国のことも、できれば宇宙全体のことまで考慮できる人間になることが望ましい。

何よりも重要なことは、行動範囲の拡大である。実際に、そこへ行って誰かと話して何事かを体験することは、他の何よりも大事なことだと思う。

そして、それらは全て思考するための材料だと言える。

より多くを知り、より多くを感じ、より多くを経験することによって、論理思考と非論理思考の両面からのアプローチ法を身に付けた人間のことを「Human3.0」というのだと考えている。

すなわち体積の大きなより完全に近い「球体」をめざす必要があるということだ。しかも、その球はハードという名の柔軟性を持つ必要もある。

何度倒れても立ち上がるタフさとは、岩石のような強《したた》かさを根底に備えていると同時に、柳の枝のような〝しなやかな面〟も併せ持っていることを指しているのだという気がする。

「そんなに完璧な人間になどなれるわけがない」と、多くの人は思うだろうが、思い出してほしい。

最初に、「みんなといっしょに、流れに流された方がラクだ」と考えている人を対象として、この本を書いたわけではない。と、記したことを。

川下へと向かう流れに逆行して、上流へ向かって泳ぎ切ろうという意志の強い人でなければ、とても「21世紀の壁」は越えられないと思う。

しかも「ヒューマン2.0」のことを「ホモ・デウス」……「神に近い人」と呼称する歴史学者まで現れているのだ。

彼ら神に近づいたデジタル人間に後《おく》れを取るようでは、激しくなることの予想される生存競争に勝ち残ることができるとは思われない。

少なくとも、これから先の高工業化・高情報化社会を生きぬいて行くには、それに近似した能力が求められることは間違いなさそうである。

だからこそ、私は主張しているのだ。

「ゆっくりボチボチ行くために、最大の努力をしよう！」と。

ともかくも、昨今のテクノロジーの進展の様を見てみれば、それが発達すればするほど、人類全体は不幸への道を転落していっているように見える。

万が一にもそうだとするならば、ここでいったんは足を止めて、自分自身を見つめ直し、かつまた同時に、「真化」というステップアップを図るべきではないだろうか。

その意味では、「停滞」の中にこそ「真の幸福がある」と言えるかもしれない。

補足）「21世紀の壁を越えられるのは？」

最後に、私が思う「21世紀の壁」を越えられる確率の高い人のタイプを挙げておきたいと思う。
①資産1億ドル以上のスーパーリッチ層
②知能の高い人。

③メンタルの強い人。
④実行力のある人。
⑤運の強い人。
⑥ゴキブリ並みの暮らし方をしている底辺層の人。

①世界人口に占める割合と、恐慌やハイパーインフレなど様々なイベントの起こった場合を考慮したときに、「安全圏」ということを考えると、それぐらいは必要な気がするのだ。
ＮＡＳＡがロシアのソユーズ宇宙船への搭乗を依頼した際には、１人当たり80億〜90億円を支払ったと言われている。

「エリジウムにおける宇宙ステーションに住むことのできる人々」と言えば、分かりやすいだろうか。

②私は、知能テストの成績をあまり信用していない。肝心カナメの「想像力」や「創造力」が計測されないし、その時のコンディションにも左右されそうであるからだ。
ただ「分析力」ということを考えれば、だいたい「ＩＱ１３０」と「１４０」の間あたりに

境目があるように思える。限りなく140に近いところかもしれない。

「130オーバー」という人々と話した経験で言えば、「さすがによく考えていらっしゃるなあ!」と感心する場合もあれば、受け売りに終始して辟易《へきえき》するケースも少なくない。

そういう人たちでさえ、マスコミからの情報や教科書の記述、本から得た知識をほぼストレートな形でアウトプットされることが多いのである。

「自分なりのフィルター」を持つことと知能とは、直接的には結びつかないだろうが、情報を識別する能力や分析力……要するに「自ら考える力」があると思える人の数を観察したときに、それくらいが一つの目安と言えるかもしれない。

そして何よりも重要な知的能力とは、**「より大きな時間的かつ空間的な思考範囲を持つ」**ことだと思う。

環境問題や原発事故を考えたときに分かることは、当事国だけでは解決できないという事実だ。

どちらも、ひとたび問題が発生すれば、それは全地球的規模で被害が及ぶのである。

しかも、放射性物質の中には10万年~100万年という途方もないほどの長期にわたって影響を及ぼしてしまうものもある。

この意味からも、もはや「今のことだけ」「自分と周囲のことだけ」という思考パターンは切り捨てなければならない。

時間的かつ空間的な思考範囲を各人が拡大しないかぎり、私たち人類は、明日の世界に生き残っていけるはずがないのである。

「深さ」はさることながら、「思考範囲の大きさ」と「知能」とは〈比例関係〉にあると、私は考えてきた。

少なくとも、それが「ヒューマン3.0」の最低要件ではないか、と思う。
③メンタルに関しては、この本の中で散々記してきたつもりである。
叩かれても叩かれても、何度でも立ち上がることのできるような「精神的タフさ」を備えた人のことだ。
④「机上の空論」や「頭の中でのシュミレーション」だけでは、いかに知能がずば抜けていようとも、今日の米代も稼ぐことはできそうにない。

分析して得られた情報なりを、いかに活用して実行に移せるか？……が、決定的な分岐点なることはまちがいないだろう。

⑤周りを見まわしたときに、たしかに「強運」の人がいる。これは、人智や人の努力では、どうにもならないもの。私には理解不可能な分野のものである。

⑥かつて中国や南アジアに行ったときに、信じがたいほど汚い環境の中で食事をしている人たちを見て、「この人たちは、どんなことがあっても生き残っていけるかもしれない」と思った。今日よりもっと過酷な状況に至った場合、清潔な環境に暮らすことに慣れてしまった私たちよりも、日頃から劣悪な暮らしを強いられている人の方が、しぶとく生き残れるチャンスは大きい可能性もある。

経済や自然環境が極度に悪化したときに、中途半端な立場にいる人々が実はもっとも脆弱で、両極端の立場の人にアドバンテージがあるように思えないこともない。

もちろん、これら6つのタイプだけということではないだろうし、必ずしも確実というわけでもない。

あくまでも、これらのタイプに当てはまる人の方が「比較的に有利と思われる」というだけのことである。

読者の中に、①と④に該当する人がいるかもしれないけれど、普通はどうしようもできないことだと思う。

私たちが、どうにかできるのは、②と③や④の分野だろう。

オール1の子どもから東大理Ⅲ（医学部）に進学した者を含め、数千人の子どもと若者に教えてきた経験では、元来的には「個人による知能差はない」と言い切ってもいい。どの分野に頭を使っているかの違いがあるに過ぎないのだと思う。

考える力がなかった人でも、一念発起すれば「考える力を身に付けることは可能」であり、「IQは上げることができる」というのが、私の確信でもある。

要するに、②と③と④は「努力しだい」「頑張り方しだい」ということなのだ。

たとえ資産がなくても、今は考える力に乏しく、メンタルの弱い人間であったとしても、やる気さえあれば、そしてあきらめさえしなければ、「ヒューマン3.0は到達可能」だということを、私は言いたいのである。

そして、何度でも言うが、とくにメンタルの強さは、他の全ての要素の土台でもあり、これが欠落しているならば、他の要素は砂上の楼閣であるにすぎない。

メンタルさえしっかりとしているならば、「考える力を向上させること」も「幸運を引き寄せること」も可能である。と、私は確信している。

ちなみに、私自身は、この中のどれにも属していない。資産もなければメンタルも弱い。自分のことを「頭が悪い」と感じない日がないくらいでもある。いっとう最初に淘汰されてしまうタイプだと言えるかもしれない。

ただし、最大限の努力だけはやりたいと思っている。私のような人間でも、頑張りようによっては「Human3.0」になれる可能性はある。と信じているのだ。

あとがき「さあ、上を見上げよう！」

今、人類は「終点」に向かって爆進中である。というふうに見える。

どこからどう見ても、自分たち自身を「破滅」の方向へ向かわせようとしているようにしか見えないのである。それも強引なほどに。


これは、なぜか？

世の中は「バランス」で成り立っていることも確かなことだろう。

そのバランスが、何かのヒズミで、ほんのちょっとだけ傾いてしまっているのではないだろうか。

……ほんのちょっとしたヒズミが、長い時間の経過とともに莫大な規模のユガミとなって表れていると考えられもするのだ。


たとえば、心の健康な人と病んでいる人の違いも、紙一重なのだと思う。

ほんの数ミリの違いで、明るく活発な生活を送るのか、逆に憂鬱の中に入り込んでしまい日々「死」を志向するような暮らし方になるのか、に分かれるのだ。

その両方の経験をしたことのある私には、そう断言できる。
わずか1ミリの誤差で、あっちに行ったり、こっちに来たりするのである。

私たち人類は、自らを急速に劣化させているように見える。
あたかも、出来るだけ速やかに自らの立場を人工知能やスマートロボットに明け渡したい、と望んでいるように思えるのだ。
私たち人類は疲れているのかもしれない。

しかし、これもほんのちょっとの心の持ちようである気もするのだ。

"Look upward !"……上を見上げよう!

世界中の人々が、発展途上国の人はともかくとしても、先進国の人々は、誰も皆、疲れているように見える。

誰もが下を見ながら歩いているのだ。

上を向いて歩いてみよう！

ほんのちょっとしたことで、人類全体も、あなた自身の人生も、ガラリと向きを変えるかもしれないのだ。

“Look upward！”……そのことが「真化」のためのファースト・ステップであるのかもしれない。

さあ、上を見上げよう！　そして、真化をめざそう!!

明日の世界に生き残るために。

Profile

水郷　醒河

MIZUSATO SEIGA

・高度経済成長期の熊本市に生まれる。

・日本、アメリカで人間及び映画・演劇論について学びつつ、世界を見て歩きながら映画・演劇製作の道を目ざす。

・80 年より進学塾でオール「1」の子どもから東大理Ⅲ進学者までを指導。専門学校、公務員予備校、俳優養成所、客室乗務員予備校などでも教えながら、96 年には周囲の猛反対を押し切って県内初のフリースクールを開く。

・80 年代半ば頃からは、「このまま進めば子どもが壊れる」という訴えを雑誌上などで始める。

・テレビ東京の 97 年度末特番では「不登校問題」について語る。日本における教育問題のスターターを自認。

・舞台演出、俳優、カメラマン、雑誌編集、フリーライター、土木作業員、営業マン、英会話教室経営、ショットバー経営などを経験。パリ・熊本などで写真展。

・All we need in our life is experience……
「経験こそが全て」がモットー。

・著書に「夢の翼に乗って」（鳥影社）、「ほんの一ミリの革命」（本の泉社）。著述に「子どもたちはなぜ死に向かうか」（アエラ臨時増刊号）、「なぜ私はフリースクールを開いたか」（月刊現代）、「デジタル脳化する人類」（青山ライフ出版）などがある。

人間破壊

著　者　水郷 醒河
発行日　2020 年 9 月 26 日
発行者　高橋範夫
発行所　青山ライフ出版株式会社
〒 108-0014
東京都港区芝 5-13-11 第 2 二葉ビル 401
TEL：03-6683-8252
FAX：03-6683-8270
http://aoyamalife.co.jp　info@aoyamalife.co.jp

発売元　株式会社星雲社（共同出版社・流通責任出版社）
〒 112-0005
東京都文京区水道 1-3-30
TEL：03-3868-3275
FAX：03-3868-6588

ISBN978-4-434-27927-0